Klaus Schetar
Endlich en(d)tsorgt

Dieses Buch erzählt aus der Sicht eines betroffenen Mitarbeiters die Ereignisse und Machenschaften bei der „Reorganisation" eines Unternehmens, das mittels dramatischen Personalabbaus seine Bilanzen aufzupolieren versucht. Dabei machte der Autor persönlich Bekanntschaft mit den subtilen Methoden moderner Unternehmensphilosophie, durch deren Einsatz er selbst und viele andere aus ihren Arbeitsverträgen gedrängt worden sind. Und er schildert aus erster Hand, mit welch schockierender krimineller Energie hierbei verfahren wird.

Wenn nicht „nur" in irgendeiner Firma mit derart fragwürdigen, sogar krank machenden Methoden gearbeitet wird, sondern, wie im hier geschilderten Fall, sogar eine renommierte Hilfsorganisation bereit ist, alle ethischen und moralischen Grundsätze, ja selbst das eigene Selbstverständnis dafür über Bord zu werfen, dann ist das in jedem Fall von öffentlichem Interesse. Nichts aber fürchten die Urheber all dessen mehr, als ihr widerwärtiges Handwerk in der Öffentlichkeit ausgebreitet zu sehen. Denn solch eine Hilfsorganisation wird vom Staat finanziert, und das ist angesichts der Ereignisse ein äußerst pikanter Fakt.

Der Autor

Klaus Schetar wurde 1960 in Marburg an der Drau geboren und absolvierte seine Schulzeit mit dem Abschluss der Mittleren Reife in München. Er beschäftigt sich seit 1986 mit Funktechnik und elektromagnetischer Verträglichkeit in Gebäuden und Fahrzeugen. Niemals hätte er daran gedacht, je die Rolle eines Autors einzunehmen. Die in diesem Buch geschilderten Erfahrungen an seinem Arbeitsplatz gaben letztendlich den entscheidenden Impuls. Klaus Schetar lebt mit seiner Familie in München-Bogenhausen.

Klaus Schetar

Endlich en(d)tsorgt

Die Restrukturierung einer Hilfsorganisation
auf Kosten der Belegschaft

1. Auflage

© 2016 by Klaus Schetar

Umschlaggestaltung: Holger Bogen, Berlin

Illustrationen: Patti, Niki

Redaktion und Satz: DRSVS, www.schoettle-lektorat.de

ISBN: 9783837042849

Herstellung und Verlag: BoD - Books on Demand, Norderstedt

www.klaus-schetar.de

Inhalt

Vorbemerkung

*Artikel 1 des Grundgesetzes für die Bundesrepublik
Deutschland: »Die Würde des Menschen ist
unantastbar. Sie zu achten und zu schützen ist
Verpflichtung aller staatlicher Gewalt.«
Dieser Artikel ist die Hauptsäule unserer Demokratie.
Allerdings kann sich der geschickte Manager
um ihn herum bewegen, ohne dass ihm
diese Säule aufs kahle Haupt fällt.*

Sehr verehrte Leserinnen und Leser,
in der Tat bin ich jetzt im wahrsten Sinne des Wortes und
im vollen Umfang seiner Bedeutung *ent-sorgt.* Entsorgt
meiner Arbeit, der ich zwei Jahrzehnte lang nachgegangen
bin, der vielen Sorgen, entsorgt des Irrsinns, der in über
vier Jahren kostbarer Lebenszeit mich, meine Familie,
Freunde, Rechtsanwälte, Ärzte, die gebeutelte Krankenkasse und nicht zuletzt mein Bankkonto intensiv belastet oder
zumindest beschäftigt hat.

Die in diesem Buch geschilderten Ereignisse aus dem Arbeitsleben in einer staatlich anerkannten Hilfsorganisation werden Sie im ersten Moment vielleicht als ganz gewöhnliche Alltagssituationen wiedererkennen, wie sie sich in vielen Firmen und Behörden tagtäglich wiederholen und die man eben mal mit etwas Humor, mal mit dem tröstlichen Gedanken an den baldigen Feierabend hinnimmt. Kolleginnen und Kollegen, Vorgesetzte und Mitarbeiter ziehen ja letztendlich idealerweise am gleichen Strang, wenn es darum geht, den »ganz normalen Wahnsinn« zu bewältigen, der sich im betrieblichen Alltag offenbar unvermeidlich ausbreitet. Gefährlich aber wird's, wenn der Wahnsinn Methode bekommt und sich zielgerichtet gegen einzelne Mitarbeiter wendet. Vor allem, wenn das Ziel lautet, die betreffenden Mitarbeiter(innen) zu entsorgen, also auf möglichst elegante, das heißt kostengünstige, Art loszuwerden. Dann kann es buchstäblich lebensgefährlich werden.

Bevor ich mit den Erzählungen beginne, ziehe ich ein Fazit, das sonst meist erst in Schlusskapiteln zu finden ist, hier aber zusammen mit einigen grundsätzlichen Informationen vorab als Einstimmung dienen soll.

Manche Hilfsorganisationen handeln in staatlichem Auftrag. Ihre Aufgabe ist es, Menschen zu helfen, die in Not sind, Unfallopfern, Kranken und Gebrechlichen originäre Erste Hilfe zu leisten. In Anerkennung ihrer gesellschaftlichen Nützlichkeit kann der Staat einer Organisation den Titel »Körperschaft des öffentlichen Rechts« verleihen. Dieser Status bringt erhebliche steuerliche und sonstige Vorteile mit sich. So ist zum Beispiel eine Körperschaft des öffentlichen Rechts nicht unbedingt auf Gewinn angewiesen, weil die finanziellen Mittel für die Aufrechterhaltung

der betrieblichen Abläufe vom Staat über ein Ministerium –
seine oberste Aufsichtsbehörde – zur Verfügung gestellt
werden. Im Gegenzug erfolgte eine Kontrolle der Finanzen
einer Körperschaft durch den zuständigen Rechnungshof.
All dies wird durch gesetzliche Bestimmungen geregelt, die
unter anderem gewährleisten, dass eine Körperschaft des
öffentlichen Rechts nicht insolvent werden kann. Der Staat
wiederum hat ein fundamentales Interesse an der Arbeit
solcher Vereinigungen, zum Beispiel mancher großen
Hilfsorganisationen, weil er die von ihnen erbrachten Leistungen – oft sind es sogenannte hoheitliche Aufgaben –
nicht selbst anzubieten braucht.

Werden innerhalb solcher Organisationen aber gewisse
Begehrlichkeiten geweckt und daraufhin Methoden angewandt, wie sie in diesem Buch noch näher beschrieben
werden, finden unternehmerische Verschiebungen statt, die
mit dem Staatsauftrag kollidieren können und den ihr
übertragenen Status deutlich infrage stellen. Auch vom
eigenen Selbstverständnis zum Beispiel einer Hilfsorganisation bleibt in solchen Fällen nicht viel erkennbar. Bereits
die Beauftragung bekannter Sanierer und Unternehmensberater – die sich auf einschlägigen Webseiten in sozialen
Netzwerken zur besseren Eigenvermarktung mit dem Ab-
bau von Mitarbeitern brüsten – steht im krassen Gegensatz
zum eigenen Leitbild der Menschlichkeit und Nächstenlie-
be, das in der Außenwirkung im Vordergrund zu stehen
hat, um Glaubwürdigkeit leichter zu vermitteln. Dies ist
schließlich der Kernaspekt, der dem Handeln und Tun von
Hilfsorganisationen zugrunde liegt. Und er öffnet so manchen Geldbeutel eines willigen Spenders. Oder würden Sie
einem kapitalorientierten Unternehmen freiwillig eine
Spende geben? Mitnichten; so abgerissen könnte sich der

Spendensammler gar nicht präsentieren, als dass sie sich nicht konsequent von ihm abwenden würden.

Wer sich an professionelle Sanierer des genannten Typs wendet, dem ist natürlich die Vorgehensweise von vornherein klar, mit der das eigene Unternehmen – bzw. die Organisation, von der hier (aus rechtlichen Gründen ohne Namensnennung) die Rede ist – durchgeschüttelt werden soll. Nichts anderes kann die Grundlage eines Vertragsabschlusses sein, und die angeordnete Widerwärtigkeit wird bei vollem Bewusstsein toleriert und akzeptiert. Jedes Missverständnis über den Ablauf der »Maßnahmen«, die der innerbetrieblichen Reorganisation »zugutekommen« werden, ist völlig ausgeschlossen. Jede Figur in diesem Spiel weiß genau, wie es gespielt wird, sofern sie zum Kreis der Entscheider gehört – in erbärmlicher Unkenntnis gelassen werden die Hauptbetroffenen, nämlich die Belegschaft.

Fairerweise bleibt festzuhalten, dass die Schweinerei deshalb im eigenen Haus begonnen hat, nämlich mit der Entscheidung, eine für ihre rücksichtslose »Sanierungs«-Praxis bekannte Unternehmensberatung ins Haus zu holen. Wie heißt es so schön: »Der Fisch stinkt vom Kopf her.« Aber das soll die Unbarmherzigkeit und Brutalität, mit der die Sanierer vorgegangen sind, keineswegs relativieren oder gar beschönigen. Es ist unzweifelhaft, dass ein Mord in seinem Tatbestand immer ein Mord bleiben wird, auch wenn der Mörder verschlagen und niederträchtig genug war, die Spuren seiner Tat so weit zu verwischen, dass ihm juristisch niemand am Zeug flicken kann. In meinen Augen ist die Parallele unverkennbar, wenn eine Leiche vom Tatort oder ein Mitarbeiter von seinem Arbeitspatz »verschwindet«. In beiden Fällen ist die gemeuchelte Person die Leidtragende und befindet sich nicht mehr in ihrem Leben beziehungsweise ihrem Arbeitsleben. Und in beiden Fällen ist etwas extrem Wertvolles zu Ende gegangen: hier das weltliche Leben einer Person und dort das zukunftssichernde und -erhaltende Arbeitsleben einer anderen Person. Und die Konsequenzen stellen sich für die »lediglich« aus dem Arbeitsleben Verblichenen – abgesehen davon, dass ihr physisches Leben weiter besteht – ebenfalls äußerst einschneidend dar. Möglicherweise sind diese nämlich aufgrund ihres Alters, Geschlechts, Gesundheitszustands oder der aktuellen wirtschaftlichen Gegebenheiten im Lande nicht mehr in der Lage, einen nur annähernd adäquaten Job zu ergattern. Die Auswirkungen daraus können von beträchtlicher Intensität sein und Probleme aufwerfen, die wir uns nicht gerne näher vorstellen mögen: eine zeitlich begrenzte Arbeitslosigkeit bei Bezug von Arbeitslosengeld I (was nur noch etwa sechzig Prozent des letzten Einkommens bedeutet), eine Stellensuche, die quälend lange dauern kann und oft genug doch nicht mehr zu einer seriösen Anstellung führt, Zeitarbeit, prekäre Arbeitsverhältnisse, Sinnkrisen, Selbstzweifel, Depressionen, familiäre Probleme, Unverständnis beteiligter Behörden, nicht mehr bedienbare Kredite, verärgerte Geliebte und nur allzu oft der unaufhaltsame Absturz nach Hartz IV. Es ist in jeder Hinsicht hart, aus dem Karussell des Arbeitslebens geschubst zu werden. Wenn der Arbeitgeber sich dafür entscheidet und die konsequente Bereitschaft zeigt, sein Personal oder zumindest Teile davon so lange zu schikanieren, bis sie zusammenbrechen, aufgeben oder sich – in seltenen Einzelfällen – gar selbst das Leben nehmen, setzt diese Handlungsweise ein hohes Maß an Menschenverachtung und eine erhebliche kriminelle Energie voraus. Wenn dies dann auch noch, und davon handelt dieses Buch, in einer *Hilfs-*

organisation stattfindet, hat sie schon allein aus diesem Grund ihr eigenes Selbstverständnis ad absurdum geführt und verdient den Status einer Körperschaft des öffentlichen Rechts nicht mehr, denn sie hat sich längst für eine privatwirtschaftlich-gewinnmaximierende Ausrichtung des Unternehmens entschieden.

Und das passt nicht zusammen, weder in rechtlicher Hinsicht noch unter dem Aspekt von Menschlichkeit und Würde. Denn wer die eigenen Mitarbeiter per Order terrorisiert, dem darf ein verantwortlicher Umgang mit Kranken oder Schutzbefohlenen bald abgesprochen werden. Kritiker dieser Art der Restrukturierung sehen darin auch die Gründe dafür, dass immer wieder Pflege- und Altenheime in die öffentliche Diskussion geraten, in denen so mancher geschundener Heimbewohner das Opfer eines Systems wird, das Gewinnmaximierung auf Kosten von Kranken und Alten zu erzielen trachtet – also auf Kosten seiner eigentlichen Kundschaft, deren bestmöglicher Betreuung und Versorgung es seinem Auftrag gemäß zu dienen hat.

Eine klare Trennung scheint unausweichlich: Organisierte Hilfe entweder im Staatsauftrag, Dienst am Menschen unter Beachtung der Würde und Gesundheit aller Beteiligten – auch der eigenen Belegschaft –, finanziert größtenteils durch den Staat und den Krankenkassen, oder privatunternehmerisch, im Konkurrenzkampf mit den Mitbewerbern auf direkter Augenhöhe und dem Ziel des maximal erreichbaren Gewinns. Aber dann bitte quält die Euch anvertrauten Kunden und das Personal, ohne dafür Staatsgelder einzusacken. Eine hybride Konstruktion kann auf Dauer nur ein Auslaufmodell sein. Es ist unter den Bedingungen des Marktes ihr baldiges Ende, weil die Interessendivergenzen ständig zu Kollisionen führen und damit eine gesunde Entwicklung ausbremsen. Genug Anhaltspunkte für diese Sichtweise, wie ich sie aus leidvoller Erfahrung gewonnen habe, finden sich in betroffenen Hilfsorganisationen zuhauf.

Leider war nie zu erfahren, wie in dem von mir geschilderten Fall die staatlichen Stellen als oberste Aufsichtsbehörde zu der Art und Weise der Restrukturierung standen bzw. sie vielleicht sogar billigten. Denn das wäre durchaus ein Skandal. Es ist aber auch möglich, dass es dort einfach niemand wissen wollte. Meine Erlebnisse habe ich aus der Sicht eines Angestellten aufgeschrieben, eines Befehlsempfängers, der hierarchisch so weit unten angesiedelt ist, dass er zwangsläufig viele Dinge nicht erfährt oder vorsätzlich schlecht informiert wird, weil er systembedingt keinen Einblick in die strategische Planung der Führungsspitze erhalten soll. Erstens ist das üblich und zweitens könnten die Planer und Chefstrategen sonst dem Fußvolk nicht die entscheidenden Schritte voraus sein, um es düpieren, ins Leere laufen lassen, manipulieren, an der Nase herumführen und Angst und Schrecken verbreiten zu können. Der berühmte Flurfunk – die stockwerkübergreifende Verbreitung von Halbwahrheiten aus der weiten Welt des Hörensagens – spielte aufgrund seiner unzuverlässigen Quellenlage zwar nur eine Randerscheinung, die jedoch im Kern ihrer Aussagen oft auffällig mit den anschließenden Ereignissen korrespondierte.

In diesem Buch schildere ich reale Ereignisse, die ich aus rechtlichen Gründen, auch um mich selbst und andere Beteiligte zu schützen, bisweilen leicht verfremden musste, genauso wie keine Person im Text mit ihrem richtigen Namen erwähnt wird. Der geneigte Leser möge mir dies verzeihen, es ist den Umständen geschuldet, die es ebenfalls ratsam erscheinen lassen, darauf hinzuweisen, dass jede eventuelle Ähnlichkeit von im Buch auftretenden Charakteren mit lebenden oder verstorbenen Personen rein zufällig und unbeabsichtigt wäre.

Meine Sicht der Dinge, wie auch meine Schlussfolgerungen, müssen nicht die Ihren sein. Es bleibt immer wieder Platz, Dinge anders zu Ende zu denken.

Wer sich betriebswirtschaftlich mit den Themen »Restrukturierung« und »Management« näher befassen will, kann sich an den Buchhändler seines Vertrauens wenden oder das Web dazu befragen. Die Informationen sind hier wie dort außerordentlich reichhaltig.

Bossing, die Mechanik der strategischen Zermürbung, oder: Der Vorgesetzte – dein übermächtiger Feind

Die Generation 50+ – per Bossing-Order
um die Lebensarbeitsleistung betrogen.

Bossing ist ein hässliches Wort, dessen Äquivalent es in der deutschen Sprache so nicht gibt. Ein hässliches Wort für einen hässlichen Vorgang, den das Wort Intrige nur unzureichend zu beschreiben vermag. Diese Variante des Mobbings ist deshalb besonders niederträchtig, weil das Zielobjekt aufgrund von Weisungs- und Direktionsrecht seiner Vorgesetzten nahezu chancenlos ist.

»Bossing« umschreibt die strategische Übervorteilung einer weisungsgebundenen Person durch seine(n) Vorgesetzte(n), um sie psychisch zu quälen und dadurch ein bestimmtes Ziel, von dem diese Person bestenfalls nichts ahnt, zu erreichen. Im günstigsten Fall lässt sich das Opfer in ein Feuerwerk von Manipulationen verstricken, die es an

15

sich selbst zweifeln lassen, bis es jeden Glauben an sich selbst und jeden Respekt vor sich selbst verliert, in der Folge an Seele und Körper erkrankt und restlos aus der Spur gebracht in irgendeiner Weise freiwillig das Handtuch wirft. Nicht selten ist es so von Selbstzweifeln geplagt, dass es sich, nachdem es zum Beispiel einen Aufhebungsvertrag unterschrieben hat, noch beim Arbeitgeber für die ihm selbst »unerklärlich schlechten Leistungen« der letzten Monate oder Jahre entschuldigt.

Den Urhebern dieser Art von Mobbing ist es völlig egal, wenn das tägliche Erleben und Erleiden des nicht nachlassenden Trommelfeuers beim Opfer zu dauerhafter Arbeitsunfähigkeit führt. Sie fragen auch nicht, ob der Arbeitsvertrag durch eigene Kündigung aus Verzweiflung endet, das malträtierte Zielobjekt am Ende seiner Kräfte um einen Aufhebungsvertrag bittet, dem dann aus einer Mixtur von vorgetäuschter Widerwilligkeit und geheuchelter Mildtätigkeit zugestimmt wird, oder ob diese Person Suizid begeht und der Vertrag daraufhin durch den plötzlichen Tod des Vertragspartners für den Arbeitgeber kostenneutral endet. Es gibt in diesem Ablauf keine menschlichen Skrupel, die das Zielobjekt erwarten kann. Sinn und Zweck ist es, die freiwillige Aufgabe aus unternehmensstrategischen Gesichtspunkten anzustreben, um etwa Personalkosten einzusparen – was in erster Linie durch kostengünstige Maßnahmen erfolgen muss. Und da das Unternehmen sich teuer in das Reorganisationskonzept eingekauft hat, ist unter allen Umständen ein Erfolg nachzuweisen. –

So weit zur Vorgabe.

Was böte sich mehr an, als das Zielobjekt (die Rede ist hierbei von *Menschen*!) unter der Regentschaft eines oder mehrerer Vorgesetzter täglich zunehmend zwischen die

Mahlsteine der vorsätzlichen kleinen und großen Gemeinheiten einzubinden? Möglichkeiten dazu gibt es zuhauf.

In der täglichen Arbeit sind alle Beteiligten auf permanentes Feedback angewiesen, wobei die Kommunikation über Blicke, Gesten, Gespräche, Diskussionen oder Kontroversen – Auseinandersetzungen im positiven oder negativen Sinne – funktioniert. Bereits kleine Änderungen der beschriebenen Verhaltensweisen reichen aus, um ein Ungleichgewicht zu schaffen, das die weisungsgebundene Person von jetzt auf gleich in unsicheres Fahrwasser geraten lässt. Erwidert der Vorgesetzte Ihren allmorgendlichen Gruß nicht mehr, sind Sie zu Recht irritiert, geschieht das in den darauffolgenden Tagen, Wochen und Monaten ebenso, werden Sie darauf mit einer gewissen Frustration reagieren und sich Gedanken machen, möglicherweise sogar Selbstzweifel bekommen. Die Manipulation zeigt bereits ihre gewünschte Wirkung.

Beispielhaft lässt sich die Methode der ungerechtfertigten Kritik ebenso erwähnen wie die Beauftragung mit unerreichbaren Zielvorgaben oder die Schaffung einer Atmosphäre diffuser Unzufriedenheit mit dem Untergebenen, die nicht näher erläutert wird und oft als konflikteröffnende Maßnahme dient. Zeigt sich das Zielobjekt kritikresistent oder gar willig, an der eigenen Stellschraube zu drehen und alle Arbeit noch besser und schneller als bisher zu erledigen, verläuft der Vorgang allerdings kontraproduktiv zu den Absichten der vorgesetzten Stelle.

Das Management kann dann eine Art Notbremse ziehen, in dem der betreffende Mitarbeiter zu einem Mitarbeitergespräch gebeten wird. Idealerweise wird der Gesprächstermin dem Mitarbeiter an einem Freitag um die Mittagszeit mitgeteilt, wenn sich das Personal gedanklich bereits zum Wochenende hin orientiert. Beinahe zwangsläufig beschäftigt sich der Mitarbeiter dann am Wochenende gedanklich mit dem Grund der Einbestellung zum Gespräch, insbesondere dann, wenn die Terminankündigung ohne konkrete Angabe eines Kernthemas erfolgt. Die Manipulation, die darauf abzielt, den Erholungseffekt der freien Tage zu beeinträchtigen, ist damit schon zu einem kleinen Teil gelungen.

In der Politik der tausend Nadelstiche ist das ein kleiner Schritt auf dem Weg zum Ziel. Der beabsichtigte Effekt verstärkt sich gegebenenfalls, wenn der Gesprächstermin eine bewusst gewählte, lange Vorlaufzeit hat, die durchaus zwei bis drei Wochen betragen kann. Sie soll den Zweck erfüllen, Spannung aufrechtzuerhalten, denn niemand wartet gerne auf wichtige Ereignisse. Findet der Termin dann endlich statt, ist er kurz und schmerzvoll.

Folgender Dialog wurde mir von einem Kollegen berichtet, und ich habe ihn anhand eines von mir anschließend erstellten Gedächtnisprotokolls rekonstruiert:

Chef: »Herr Brand, Sie arbeiten schlecht.«

Brand: »Das überrascht mich aber. Was meinen Sie genau? Können Sie mir bitte sagen, was ich falsch mache, damit ich die Fehler abstellen und meine Arbeitsweise künftig darauf ausrichten kann?«

Chef: »Nein, das muss ich nicht. Das Gespräch ist beendet, gehen Sie wieder an ihren Arbeitsplatz«.

Brand: »Ja, aber … was soll das denn jetzt sein?«

Chef, jetzt ungehalten: »Herr Brand, legen Sie endlich diese penetrante Renitenz ab und gehen Sie an Ihre Arbeit. Für ihr Verhalten in diesem Gespräch spreche ich eine Ermahnung aus, und jetzt raus hier.«

Herr Brand fühlte sich nach diesem Termin seinem Bericht zufolge konsterniert und niedergeschlagen. Besonders nagte an ihm, dass er nicht argumentieren durfte, bzw. durch den dreisten Angriff in eine Position der Rechtfertigung gedrängt worden war, mit der er nicht gerechnet hatte. Dass der Chef ihn als penetrant und renitent wahrnahm, empfand er als mittlere Katastrophe, wie er sie in seiner Karriere noch nicht erlebt hatte.

Dieses klassische Beispiel für ein kleines offensives Feuerwerk mit dem Ziel, den Mitarbeiter aus der Spur zu bringen, zu verunsichern, zu erniedrigen und ihm die völlige Aussichtslosigkeit zu eröffnen, die tatsächlichen Geschehnisse aus eigener Sicht vorzutragen, ist natürlich nicht die ungehaltene Reaktion des Vorgesetzten auf ein tatsächliches Fehlverhalten. Situationen wie diese führt nicht eine besonders intelligente Führungskraft aus dem Stegreif herbei, sondern die Vorgehensweise des Chefs ist das gelernte Ergebnis intensiver Schulungen im Umgang mit Mitarbeitern, wie sie verschiedene Unternehmen in unserem Land leider anbieten. Die Texte, in diesem Beispiel also die Vorhaltungen des Chefs, sind erdacht worden von Psychologen, Rechtsanwälten und Unternehmensberatern, die sich ihr niederträchtiges Tun teuer von den interessierten Firmen bezahlen lassen. Es handelt sich um ein wahrhaft perfides System.

Kennen Sie den Suppenteller-Effekt? Ein Kind trägt einen randvollen Teller mit Suppe vom Herd zum Esstisch. Während die ersten Schritte gut geklappt haben, merkt das Kind plötzlich, dass der gestrenge und autoritäre Vater es dabei beobachtet und es jetzt auf gar keinen Fall die Suppe verschütten darf. Daraufhin verkrampft es sich unbewusst, die autonomen Abläufe werden gestört und trotz bestem Bemühen gelingt es dem Kind nicht mehr, den Suppenteller ohne ein kleines Malheur zum Esstisch zu bringen. Das Kind hat in Erwartung von Schlägen oder Schimpfe zwangsläufig seiner Erfahrungsreflexion gemäß reagiert und genau das getan, was es am wenigsten tun wollte, nämlich die Suppe zu verschütten und dem Vater damit den Anlass zu liefern, auf den jener bereits wartete.

Genau dieser Effekt ist die Folge des beschriebenen Mitarbeitergesprächs. Die Verunsicherung ist gesetzt und die von ihr infizierten Ereignisse nehmen ihren Lauf. Je nach Konstitution des Zielobjekts wird sich dieses Gift in der Seele in den kommenden Wochen und Monaten manifestieren und das Selbstwertgefühl nach und nach beeinträchtigen. Die Arbeit geht zunehmend schwerer von der Hand, Konzentrationsfehler schleichen sich ein und die weiteren Maßnahmen und Kritiken tun ihr Übriges.

Nur die wenigsten verfügen über ein derart eisernes Gemüt, dass sie diese Abläufe unbeschadet zu überstehen vermögen. Die meisten erkranken an Leib und Seele, psychosomatische Beschwerden stellen sich ein. Mediziner beschreiben diese unklaren Beschwerdebilder nach intensiver Befragung des Patienten mit depressiver Verstimmung, Angststörung, posttraumatischen Belastungsstörungen oder vegetativer Dystonie. Die Psyche sendet Alarmsignale, um ihrer täglichen Überforderung Ausdruck zu verleihen, und bedient sich dabei den Organen des Körpers, die – scheinbar ohne erkennbaren Grund – verrücktzuspielen beginnen. Darunter fallen zum Beispiel Schlaflosigkeit in allen Variationen, Einschlafstörungen, Durchschlafstörungen, zu frühes Aufwachen, Ruhelosigkeit/Rastlosigkeit, Magen-/Darmprobleme, Asthma, Herzneurosen, selbst

Rückenprobleme bis hin zum Bandscheibenvorfall können ihre Ursache in der extrem belastenden Situation am Arbeitsplatz haben.

Und auch das Eintreten dieser Umstände wird bereits im Vorfeld bei den Abläufen berücksichtigt und gezielt ausgeschlachtet. Zwar muss der Arbeitgeber im Krankheitsfall sechs Wochen weiter den Lohn der Zielperson bezahlen, aber danach gibt es nur noch achtzig Prozent von der Krankenkasse – sofern man einen Arzt findet, der einen überhaupt so lange arbeitsunfähig schreibt. Die vielen Krankheitstage machen sich in der Personalakte nicht besonders gut, erklären Sie zum Minderleister und tun bei einer Gesamtbewertung ihr Übriges.

In diesem Fall ist der Arbeitgeber Sie vorläufig größtenteils los, zumindest was das Finanzielle angeht, und Sie müssen mit einem geschmälerten Einkommen leben. Sie werden folgerichtig versuchen, spätestens nach sechs Wochen an Ihren Arbeitsplatz zurückzukehren, um keine Einbußen bei ihren monatlichen Einnahmen hinnehmen zu müssen. Ihre Gegner profitieren auf der ganzen Linie von der negativen Wahrnehmung Ihrer Person und erringen so einen Teilsieg, geben sich aber damit längst nicht zufrieden.

Denn eine beliebte Variationsmöglichkeit der eben genannten langfristigen Maßnahmen ist die fristlose Kündigung, die gleich dem Schwert des Damokles ständig über Ihnen schwebt und die Sie sich schneller einfangen können, als man sich das landläufig vorstellt:

Sie laden ihr Smartphone am Arbeitsplatz auf, so wie es alle Kollegen tun? Das ist Stromdiebstahl und rechtfertigt problemlos eine fristlose Kündigung. Ihre Argumentation daraufhin, dass das doch alle tun, wird Ihrem Vorgesetzten nur ein mitleidiges Lächeln entlocken.

Überziehen Sie manchmal mit den Kollegen die Mittagspause? Vielleicht sind es nur wenige Minuten, und erfahrungsgemäß wird das toleriert – schließlich sind die Chefs manchmal sogar mit dabei und geben sich dort kameradschaftlich. Aber Ihr Vorgesetzter hat's akribisch notiert … Das rechtfertigt eine fristlose Kündigung.

In der Mittagspause kurz im Web den günstigsten Preis für den geplanten Kauf der neuen Sommerreifen gegoogelt? Wenn nicht anders vereinbart, haben Sie einen unerlaubten Webzugriff vorgenommen – der eine fristlose Kündigung durch den Arbeitgeber rechtfertigt.

Sie vertrauen Ihrem Kollegenkreis ausnahmslos und verlassen Ihren Arbeitsplatz zum Toilettengang, ohne den PC zu sperren? Wird in diesem Zeitraum ein Webzugriff von ihrem PC aus aufgezeichnet, haben Sie schlechte Karten – die fristlose Kündigung droht.

Den Bäcker auf der anderen Straßenseite aufgesucht? – Verlassen des Bürogebäudes ohne Ankündigung und Genehmigung durch den Vorgesetzten! Fristlose Kündigung.

Den Werbegeschenk-Kugelschreiber vom Geschäftspartner versehentlich eingesteckt? Er gehört Ihrem Arbeitgeber, und den haben Sie gerade bestohlen – fristlose Kündigung.

Das Dienstfahrzeug nach der Dienstreise haben Sie spätabends nicht zur Firma gebracht, sondern sind aus Müdigkeit direkt nach Hause gefahren, weil Sie am nächsten Morgen um sieben Uhr sowieso wieder in die Firma mussten? Wenn nicht ausdrücklich genehmigt, fliegen Sie dafür raus, und kein Arbeitsgericht in diesem Staat wird Ihnen helfen können.

Aber genug der Horrorszenarien. Für Betroffene gilt es vor allem, das System zu begreifen, um nicht auf die ausgelegten Tretminen zu steigen. Je besser Ihr Vertrag ist und je länger Sie an Bord sind, desto subtiler werden Ihre Gegner daran arbeiten, Sie betriebswirtschaftlich zu eliminieren. Keine Schwerbehinderung hilft Ihnen, wenn Sie aus Wut über die dauernden Schikanen einmal mit einem Schimpfwort herausplatzen. Denn damit sind Ihre Gegner am Ziel.

Und Sie werden es nicht für möglich halten, wie empfindlich und dünnhäutig Ihre Gegner plötzlich reagieren, während doch genau von deren Seite dauerhaft subtil auf Sie eingedroschen worden ist. Ein Schimpfwort, ein Wutausbruch, ein Mobbingvorwurf gehen gar nicht. Jetzt sieht der Arbeitgeber das Verhältnis als zerrüttet an, eine Zusammenarbeit ist nicht mehr möglich und Ihr »unkündbares Arbeitsverhältnis« ist keinen Pfifferling mehr wert. Sie sind draußen. Ohne Abfindung, fristlos, was Ihnen bei dem anschließenden Besuch bei der Agentur für Arbeit zusätzlich eine dreimonatige Sperre einbringen kann.

Besonders beliebt ist diese Vorgehensweise bei der Generation *50 plus* und sogenannten Unkündbaren mit langer Betriebszugehörigkeit und möglicherweise noch einer Schwerbehinderung im Gepäck. An dieser Stelle soll Erwähnung finden, dass es auch hierzulande zahlreiche Unternehmensberater gibt, die in eigens dafür konzipierten Kursen den Einsatz von Subtilität und Niedertracht schulen. Ganze Heerscharen von Unternehmensberatern und Rechtsanwälten haben sich darauf spezialisiert, Firmen ihre Dienste und Erfahrungen in dieser abscheulichen Strategie mit deutscher Gründlichkeit nahezu gesetzeskonform anzubieten.

Das Zielobjekt ist in diesem Fall ohne Chance, denn während Mobbing-Attacken von halbseidenen Kollegen manchmal gestoppt werden können – sofern der Chef deutlich Stellung bezieht und signalisiert, dass er derartiges Handeln in seinem Unternehmen nicht duldet –, fungiert hier die Unternehmensleitung als Regisseur der Intrige und bestimmt die Zielobjekte und die Schlagzahl.

Eine simple Analogie verdeutlicht die Situation und das Vorgehen: Stellen Sie sich vor, Sie gehen regelmäßig mittags in ihr Lieblingsrestaurant, nehmen stets an dem gleichen Tisch Platz und genießen dort die köstliche Qualität aus Küche und Keller.

Weil Sie so zufrieden sind und Veränderungen eher nicht lieben, haben Sie keinen Grund, das Lokal zu wechseln. Im Gegenteil, es wird zu einer Art zweiter Heimat für Sie, ein positiver sozialer Kontakt, in dessen Umfeld Sie sich wohl fühlen, während der Wirt glücklich über Ihr tägliches Erscheinen und den damit verbundenen Umsatz ist.

Mehrere Jahre oder Jahrzehnte gibt es keinen Grund zur Klage, bis eines Tages am Nebentisch eine Meute von Unsympathen Platz nimmt und ein rüpelhaftes Verhalten an den Tag legt, durch das Sie sich bald gestört fühlen.

Nun gut, jeder Kelch geht einmal an Ihnen vorüber und wahrscheinlich sind diese Gestalten am nächsten Tag nicht wieder zu dieser Stunde im Restaurant. Aber in den nächsten Wochen und Monaten, vielleicht auch Jahren, müssen Sie feststellen, dass sich nichts ändert. Ständig spuckt man Ihnen sprichwörtlich in die Suppe, es gibt dauernd Unruhe und Krakeel, bis Ihnen der Kragen platzt und Sie die Gesellschaft am Nebentisch bitten, sich anständig zu verhalten, damit Sie in Ruhe essen können.

Das jedoch ist der Beginn eines regelrechten Kriegs, den der Nebentisch nun gegen Sie anzettelt. Die Meute spielt ihre Stärke aus, beschimpft Sie unverblümt, provoziert und fordert Sie auf zu verschwinden. Weil die Typen größer und stärker sind als Sie, wenden Sie sich in Ihrer Not an den Wirt und bitten ihn, für Abhilfe zu sorgen. Der jedoch reagiert zögerlich, und bald ist klar, dass ihm die Situation nicht gefällt, er aber nicht eingreifen wird, weil die Meute am Nebentisch ihm einen guten Umsatz verschafft und mehr konsumiert als Sie. Er partizipiert an deren Aufenthalt in seiner Gaststätte mehr als an Ihrem.

Sie stehen jetzt alleine und schutzlos der angespannten Situation gegenüber, wollen aber auch künftig nicht auf Ihr tägliches Mittagsmahl in Ihrem Lieblingslokal verzichten, auch wenn der einstmals freundliche Wirt Sie nun argwöhnisch beäugt. Aber bereits auf dem Weg dorthin spüren Sie jetzt ein unerklärliches Magendrücken und Unwohlsein, das sich täglich verstärkt.

Im Lokal bemerken Sie, dass sich die Widerlinge bereits ungefragt an Ihren Tisch gesetzt haben. Um sich nicht beeindruckt zu zeigen, nehmen Sie Ihren ganzen Mut zusammen und setzen sich trotzdem an ihren Stammplatz. Jedoch will das Essen nicht mehr richtig schmecken und es kommt schnell zum Streit, obwohl Sie sich vorgenommen haben, nicht auf die Provokationen dieser Primitivlinge zu reagieren.

Plötzlich schüttet Ihnen jemand ein Glas Bier über den Anzug und ein anderer stülpt den Teller Rindsgulasch mit Nudeln verkehrt herum auf Ihren Kopf. Die Gesellschaft johlt vor Freude und setzt Sie mit einem Fußtritt vor die Tür.

Sie wählen den Notruf und holen die Polizei herbei. Als die Ordnungshüter den Hergang ermitteln will, stellt die Gegenseite die Vorgänge ganz anders dar. Die Meute beschuldigt Sie jetzt, sich das Gulasch selbst aufgesetzt und den schönen Anzug mit Bier getauft zu haben, nachdem Sie offenbar mehr getrunken hätten, als Sie vertragen. Die Bande weist jede Schuld von sich und bestreitet jegliche Provokation, während der Wirt vorgibt, von dem Ganzen nichts mitgekriegt zu haben.

Während der Wirt als Zeuge ausfällt, gibt die Meute flugs eidesstattliche Erklärungen für die Polizei ab und ist tief empört über Ihre frechen Versuche, die Schuld für die Vorgänge woanders als bei sich selbst zu suchen. Aufgrund der konträren Zeugenaussagen und der vielen eidesstattlichen Erklärungen stellt die Polizei die Ermittlungen ein und hält Sie für einen Alkoholiker, weil Ihr bierbenetzter Anzug eine deutliche Geruchsfahne verbreitet, was Ihnen zusammen mit Ihrem ohnehin schon nervösen Auftreten einen zweifelhaften Anstrich verpasst.

Angesichts Ihrer Ohnmacht der Situation gegenüber und um keinen Ärger mehr zu haben, suchen Sie tief betroffen künftig ein anderes Lokal zum Mittagessen auf. Ihr angestammtes Lokal, das Sie so sehr geliebt haben, betreten Sie nie wieder.

Ersetzen Sie nun folgende Beteiligte:

Restaurant = das Unternehmen

Stammgast = ein Angestellter im Unternehmen, der kostenneutral zur Aufgabe seines Arbeitsplatzes bewegt werden soll

Wirt = der Personal- oder Betriebsrat

Meute am Nebentisch = der oder die bossenden Vorgesetzten und Sanierer

Polizei = die Richter am Arbeitsgericht

Das Spiel ist leicht und schmutzig. Der Angestellte, der dem Weisungs- und Direktionsrecht seines Arbeitgebers unterliegt, kann sich nur in einem sehr begrenzten Rahmen gegen die Schikanen wehren, denn das System ist durchdacht. Wird zudem auf eine lange Zermürbungstaktik gesetzt, kriegt man über Jahre auch die härtesten Mitarbeiter klein. Und von der Kollegenschar wird sich niemand finden, der bereit wäre, für Sie vor dem Richter auszusagen. Denn dieser mutige Schritt würde dem oder der Betreffenden zum Nachteil gereichen und den eigenen Arbeitsplatz möglicherweise stark gefährden. Sie sind also allein auf weiter Flur.

Ihr Arbeitsgebiet lässt sich austauschen, und während die interessante Arbeit nun eine neue Kollegin machen darf, wird Ihnen als Aufgabe eine öde Statistik zugewiesen, vor der sich die ganze Abteilung bisher gedrückt hat. Zwar haben Sie Anspruch auf eine gleichwertige Tätigkeit, aber was bedeutet schon gleichwertig?

Wie wollen Sie »Gleichwertigkeit« gegenüber Ihrem Vorgesetzten sinnvoll darstellen, wenn der sofort gegen Sie in Oppositionshaltung geht? Darüber hinaus mag die genannte Statistik für Sie öde und langweilig sein, aber der Chef stellt sie als qualifizierte, abwechslungsreiche und anspruchsvolle Tätigkeit dar. Sie sind nicht in der Position, die gewünschte und Ihnen zustehende Gleichwertigkeit auf den Millimeter genau zu definieren oder gar durchzusetzen. Sie können sie nur erbitten, maximal einfordern. Vor Ihnen tut sich in diesem Moment ein ganzes Minenfeld aus Mutmaßungen, Arbeitsanweisungen und Diskussionen auf, das Sie nur schwer unbeschadet durchwandern werden.

Wenn schon nichts anderes, so bleibt doch zumindest ein Konflikt zurück, der ein schlechtes Licht auf Sie wirft.

Möglicherweise lässt man bei passender Gelegenheit in der Abteilung verlauten, dass Sie mit der Statistik überfordert waren und Ihnen deshalb künftig andere, weniger anspruchsvolle Tätigkeiten zugewiesen werden. Eine Abstellung für kaum greifbare »Sonderaufgaben« ist ebenso möglich, und wer sich dem verweigert, hat auf jeden Fall Krieg mit dem Vorgesetzten.

So wird die Taktik verfolgt, von Konflikt zu Konflikt den Angestellten immer weiter ins Abseits zu manövrieren. Es bedarf zweier Parteien, um einen Konflikt auszutragen, aber nur einer, um ihn auszulösen und zu steuern. Selbstredend wird der oder die Vorgesetzte sich über Ihr »renitentes« Verhalten derart künstlich empören, dass ein vernünftiger Dialog auch von Ihrer Seite aus nicht mehr zu führen ist. Denn der war nie erwünscht.

Das aber ist Teil der gegnerischen Strategie. Sie sollen Schuldgefühle bekommen und sich im Beisein der Chefs – und, noch besser, an ihrem Arbeitsplatz überhaupt – unbehaglich fühlen. Über Monate und Jahre hinweg angewandt, wird diese fiese Taktik dazu führen, dass Sie immer mehr zum Außenseiter werden, der als Sonderling abgestempelt ist. Und es finden sich immer ein paar Kollegen, die die Situation schnell spitzkriegen und zu ihren Gunsten ausschlachten wollen. Das ist der Moment, von dem an Sie von innen und außen Angriffen ausgesetzt sind.

Die Plünderung ihrer Persönlichkeit hat zu diesem Zeitpunkt längst begonnen.

Wer lange durchhält, kann mit etwas Glück der »Sanierung« des Unternehmens derart im Wege stehen, dass für ihn eine Abfindung in Betracht kommt. Die Summen sind aber nicht so hoch, dass sie als Ersatz für den verloren gegangenen Arbeitsplatz herhalten könnten. Zwar ist der Betrag grundsätzlich Verhandlungssache, es hat sich aber durchgesetzt, dass eine Summe vereinbart wird, deren Höhe zwischen einem halben und einem vollen Bruttomonatsgehalt pro Anwesenheitsjahr liegt.

Erhebliche Einbußen haben Sie anschließend zu erwarten, wenn die Bundesagentur für Arbeit wegen ihrer »freiwilligen Arbeitsaufgabe« über Sie eine Sperre von drei Monatszahlungen verhängt (es sei denn, Ihr Hausarzt unterstützt Ihre Arbeitsaufgabe aus gesundheitlichen Erwägungen heraus), der Fiskus mit erhöhter Steuerprogression auf den »warmen Regen« reagiert und Ihre Rechtsschutzversicherung nicht alle Kosten bezahlt, weil ein Aufhebungsvertrag eine freiwillig zustande gekommene Willenserklärung darstellt, auch wenn sich der Aspekt der »Freiwilligkeit« für den Betroffenen wie ein Hohn anhört.

Hier drängt sich ein Vergleich mit der mittelalterlichen Rechtsprechung auf, in der ungezählte Frauen, aber auch Männer und sogar Kinder in der klerikalen Verblendung der Inquisition als Hexen und Hexer bezichtigt und grundsätzlich durch die Folter zur Unterschrift unter die Anklageschrift gezwungen wurden. Vor ihrem »Geständnis« waren sie nicht zu verurteilen. Wenn auch die Auswirkung auf die bedauernswerten Opfer der damaligen Zeit ganz andere, grauenvollere Dimensionen annahm, so ist doch damals wie heute eine Unterschrift unter ein Dokument gewünscht, die freiwillig nicht zu erwarten war und ist. Um dem nachzuhelfen, bedient man sich damals wie heute der Folter und Quälerei. Denn selbstverständlich – und jetzt wieder schnell zurück aus den Tiefen der mittelalterlichen Rechtsprechung – gehen heute Willkür und Subtilität den strafrelevanten Aktionen Nötigung oder sogar als Körperverletzung zu wertende Handlungen voraus. Die Verursacher vertrauen darauf, dass kein Gespräch unter Zeugen stattfindet, dass keine Handlung im Kollegenkreis größeres Aufsehen erregt.

Sind Sie dazu noch in einem Alter, das die Fünfzig übersteigt, ist die verbleibende Nettosumme nicht viel mehr als ein Tropfen auf den heißen Stein, weil Sie mit einer längeren Arbeitsplatzsuche rechnen müssen, an deren Ende möglicherweise eine Anstellung steht, in der Sie geringer bezahlt werden als in Ihrem alten Job – sofern Ihre Bewerbungen überhaupt von Erfolg gekrönt sind. All das ist als klarer Nachteil gegenüber ihrem aufgegebenen Arbeitsplatz zu werten.

Zweifellos kann man durch einen »Golden Handshake« in eine Armutsfalle und Arbeitslosengeld II (Hartz IV) geraten. Nur, wo ist die Alternative? Zurück auf die Folterbank? Nein, sinnvoller ist es, den goldenen Handschlag ihres Arbeitgebers nach Rücksprache mit einem Fachanwalt und geschickter Verhandlung anzunehmen und einen neuen Berufsweg einzuschlagen. Jedoch ist dazu die Bereitschaft erforderlich, zu verinnerlichen, dass der alte Weg hier endet und der Neue steinig werden kann.

Leider werden die Themen Mobbing und Bossing von den Arbeitsgerichten nicht in ihrer wirklichen Qualität und mit Blick auf ihre einschneidenden Folgen für den betroffenen Arbeitnehmer wahrgenommen. Trotz hin und wieder ermutigenden Urteilen, meist im Osten unserer Republik, scheitern viele Klagen an der Nachweispflicht des Klägers.

Ich will mit diesen Ausführungen um Gottes willen niemanden dazu veranlassen, gleich die Flinte ins Korn zu werfen, und die Sanierer als unangreifbar beschreiben. Aber Sie müssen mit der Qualität Ihrer Gegner rechnen, bevor Sie zu Felde ziehen.

Es gibt positive Tendenzen in unserem Land, die Generation *50 plus* nicht mehr aufs Abstellgleis zu schieben. Dabei handelt es sich meist um Unternehmen, die gemerkt haben, dass die gesunde Mischung den schlagkräftigen Mitarbeiterstamm ausmacht, oder um solche, die nach einer Reorganisation konsterniert zum vorherigen Modell – geläutert und um viele Millionen ärmer – zurückkehren. Diese unternehmerische Weitsicht steht im Gegensatz zu den schizophrenen Strategien vieler Unternehmensberater. Gerade die großen Lebensmitteldiscounter scheinen sich in dieser Hinsicht besonders hervorzutun. Überzeugen Sie sich selbst und beobachten Sie bei ihrem nächsten Einkauf etwa bei Aldi oder Lidl mal, ob Sie Personal entdecken, dass über fünfzig Jahre alt ist.

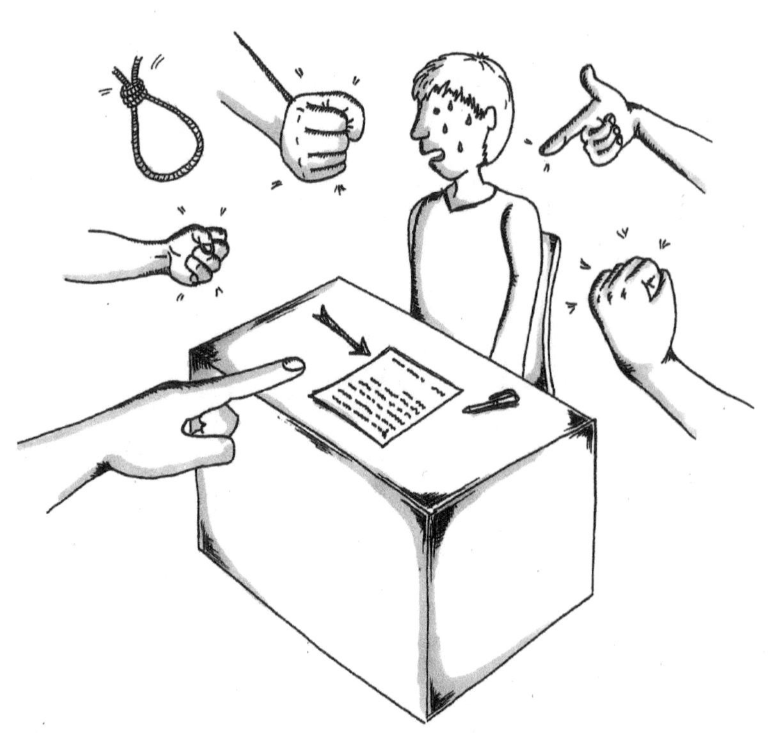

Das fragile Konstrukt der Betriebssanierung oder: Wie hätten Sie's denn gern?

Wer den Rosenbusch nicht ehrt,
ist selber keinen Heller wert.

Eine betriebswirtschaftliche Restrukturierung, umgangssprachlich auch Sanierung genannt, ist die logische Konsequenz, die eine Unternehmensleitung – sei es im Kleinunternehmen oder einer großen Aktiengesellschaft – zieht, um aus dem Ruder gelaufene Kosten und/oder Strukturen wieder einzufangen und das Unternehmen auf einen ertragreichen, betriebswirtschaftlich sinnvollen Kurs zu bringen.

Jeder verantwortungsbewusste Kaufmann wird mit großer Sorgfalt zu Werke gehen, die unterschiedlichen Geschäftsfelder beleuchten und nach Wertigkeit und Zukunftsfähigkeit die weiteren Vorgehensweisen und Strategien abwägen. Kostensenkung und Gewinnoptimierung werden vorrangige Parameter darstellen müssen, wobei mit Bedacht an den entsprechenden Stellrädern zu drehen ist.

Möglicherweise liegt die Crux in der Beschaffung zinsgünstigen, frischen Kapitals oder in einer Änderung der Personalstruktur, was nichts Schlimmes bedeuten muss, wenn die Herangehensweise von Ehrlichkeit und Respekt vor dem Personal geprägt ist.

Der Vorgang hat in seiner Komplexität eine große Ähnlichkeit mit einem Rosenbusch, der von dem geschickten Gärtner in fachmännischer Weise zurückgeschnitten wird. Der Busch wird ausgelichtet, schlechte Triebe werden gestutzt, verblühte Blüten entfernt, die Erde wird gedüngt und so die Grundlagen für ein kräftigeres Wachstum in der Zukunft geschaffen. Ist der Gärtner unerfahren, lässt er es am nötigen Feingefühl mangeln oder zeichnet er sich gar durch Ungeduld oder Gleichgültigkeit aus, dann kann das Ergebnis sehr schnell ein vertrockneter, unansehnlicher oder eingegangener Rosenbusch sein.

Er hat die Pflanze nicht wertgeschätzt und durch sein Tun ein nachhaltiges Wachstum verhindert, weil er seine Präferenz auf eine kurzfristige (Gewinn-)Optimierung gelegt hat. Die verachtende Behandlung des einst herrlichen Rosenbusches zog dessen Vernichtung nach sich, die der Gärtner billigend in Kauf nahm.

Sie merken schon, worauf ich hinauswill. Es gibt zwei Arten, eine Firma zu restrukturieren. Die seriöse, von Nachhaltigkeit geprägte, in der versucht wird, das Ruder in ehrlicher Absicht herumzureißen, und die unseriöse, in der dem Personal Gutes vorgegaukelt und in der Realität Schlechtes zum Vorteil des Arbeitgebers eingeführt wird. Merken Sie auf, sobald in ihrem Unternehmen begonnen wird, von Qualität und Transparenz zu sprechen.

Fairerweise muss ich an dieser Stelle erwähnen, dass im vorliegenden Fall die Ausgangsbedingungen durch die grundsätzlichen Absichten der Hilfsorganisation, von der in diesem Buch die Rede ist, noch verschärft worden waren, als die zweite der genannten Optionen zum Nachteil des Personals gewählt und eine entsprechende Strategie in Angriff genommen wurde.

Es gibt darüber keinen Zweifel: Das Sanierungskonzept des Direktors Kleinert ist von einem internen Gremium für gut befunden und abgesegnet worden und seine Herangehensweise war aus Unternehmen, in denen er vorher tätig gewesen war, bekannt.

Ein respektvoller Umgang mit dem Personal war damit Geschichte.

Es war nie das Ziel, den Personalbestand unangetastet zu lassen, wie es in zahlreichen Personalversammlungen immer wieder vermittelt worden ist. Die Handwerkskunst des Herrn Kleinert bestand darin, einen massiven Personalabbau voranzutreiben, ohne dass die Belegschaft zu meutern begann, und dazu war ihm nahezu jedes Mittel recht.

Er bewegte sich wie ein geschickter Seiltänzer in der Grauzone zwischen Recht und Unrecht.

Wegen seiner Bösartigkeit und Neigung zu hysterischen Schimpfkanonaden kursierte innerhalb der Belegschaft der Treppenwitz, dass Herr Direktor Kleinert beim Liebesakt mit seiner Frau nur Erfüllung finde, wenn er ihr – während sie »an ihrer Sache arbeiten« – eine Abmahnung überreiche. Aber das entspricht mit Sicherheit nur einem bösen Gerücht und damit der Unwahrheit. Wer geknechtet wird und sich nicht wehren darf, kann das zumindest noch in Gedanken tun, die ja bekanntlich frei und untereinander austauschbar sind. Obwohl – so sicher ist das in dieser Hilfsorganisation längst nicht mehr.

Als uns Herr Direktor Kleinert vier Jahre später wieder verließ, war die ursprüngliche Personaldecke um circa 60 Prozent zusammengeschmolzen und das Unternehmen zu einem Qualitätsmanagement-bestimmten, durch unflexible Arbeitsprozesse dominierten Bespitzelungsapparat umfunktioniert worden, das seither durch Günstlingswirtschaft glänzt und jede Effizienz vermissen lässt. Die Kunst liegt jetzt eher darin, Arbeit abzuwehren statt sie, wie vorher, schnell zu erledigen. Nur gut, dass dies durch den permanenten Fluss von Staatsgeldern primär nicht auffällt.

Direktor Kleinert hat sein Ziel mit voller Punktzahl erreicht. Ob die Hilfsorganisation mit dem übergestülpten Korsett auf Dauer erfolgreich sein kann, darf aber bezweifelt werden.

Ein neues Bürogebäude oder: Der Anfang vom Ende?

Was du selbst nicht kannst besorgen, lässt sich von den
Mitarbeitern borgen.

Das Erste, was für uns anstand, war ein Umzug. Denn das bisher genutzte Gebäude musste schleunigst verkauft werden, um frisches Geld in die leeren Kassen zu spülen.

Der Belegschaft war der Gedanke daran nicht unangenehm, entpuppte sich doch das vor mehreren Jahren zu völlig überhöhtem Preis angekaufte Gebäude als beachtliche Bauruine. Die Fenster zugig und undicht, die Isolierung mangelhaft, was sich winters wie sommers unangenehm bemerkbar machte, die Heizungsanlage glänzte durch spektakuläre Ausfälle und enorme Reparaturkosten. Es war deshalb jedem anzuraten, ein Büro-Überlebens-Set in Form eines Heizlüfters und eines Tischventilators vorzuhalten, um die kritischen Monate gesundheitlich einigermaßen schadenfrei zu überstehen, und annähernd alle Kolleginnen und Kollegen griffen darauf zurück, was die Stromleitungen im Haus zum Glühen und die Nebenkosten zum Explodieren brachte.

Eine ungeklärte Schadstoffbelastung mit Asbest und ein erneuerungsbedürftiges Leitungsnetz der Wasserinstallation rundeten das düstere Gesamtbild ab.

Die Absicht, einen neuen Standort zu suchen und zu dem guten alten Miet-Modell zurückzukehren, hatte also unter Berücksichtigung der kaufmännischen Gesamtsituation durchaus seine Berechtigung. Erst recht unter dem Aspekt, dass ausgerechnet Gewerbegrund gerade so günstig wie schon lange nicht mehr zu mieten war, was selbst für mittelgute Lagen in München zum damaligen Zeitpunkt zählte.

Die Mitarbeiterinnen und Mitarbeiter durften sich Hoffnungen machen auf eine großzügige Bürolandschaft an einem gehobenen Standort. Dazu waren sie gerne bereit, mit anzupacken und das abgewohnte Mobiliar, das großenteils noch aus den Fünfzigerjahren des letzten Jahrhunderts stammte, kostenschonend für den Verband weiterhin zu benutzen.

Aber es kam ganz anders: Die Direktion hatte einen Standort direkt am Rand eines berühmt-berüchtigten Rotlichtbezirks ausgewählt. Eine besonders kostengünstige Lösung, wenn auch mit kleinen Tücken.

Während tagsüber dort ein beschauliches Treiben von kleinen Handwerksbetrieben zu beobachten war, änderte sich das Bild mit Einbruch der Dunkelheit schlagartig. So manche Kollegin hatte nach spätem Dienstschluss auf dem Weg zur Bushaltestelle ein Erlebnis der dritten Art mit liebeswilligen Freiern, die sich bei ihnen nach Umfang und Tarif der von ihnen vermeintlich angebotenen Dienstleistung erkundigen wollten, während die Damen des Gewerbes, die dort regelmäßig ihrer Arbeit nachgingen, sie argwöhnisch beobachteten und als mögliche Konkurrenz klassifizierten, was in einem bedauernswerten Fall sogar ziemlich ruppig verlief.

Öffentliche Parkplätze gab es weit und breit keine, und die angemieteten Stellplätze in der Tiefgarage wurden dem Personal zu einem saftigen Preis angeboten, der den ortsüblichen Tarif für Tiefgaragenplätze in der Großstadt bemerkenswerterweise deutlich übertraf. Unter dieser Voraussetzung mietete sich verständlicherweise nur ein, wer überhaupt keine Chance sah, mit den öffentlichen Verkehrsmitteln seinen Arbeitsplatz zu erreichen. Abgesehen davon wurde angezweifelt, dass die Organisation dem Vermieter – bei einer Stellplatzabnahme in dieser Größenordnung – tatsächlich diese hohe Summe durchsteckte. Andere Mieter im Haus berichteten von einer Summe, die fünfzig Prozent unter dem Preisgefüge lag, das der Belegschaft angeboten worden war. Wir wurden das Gefühl nicht los, dass bei uns abkassiert werden sollte. Aber nun gut, Straßenbahn und U-Bahn lagen in erträglicher Nähe – eines der wenigen Highlights am neuen Standort –, und so entschloss sich die Mehrzahl, auch unter Berücksichtigung des knappen Monatslohns, künftig den öffentlichen Nahverkehr zu nutzen, was für einen gelebten Umweltschutz nicht die schlechteste Lösung sein musste.

Trotzdem konstatierten viele der Kolleginnen und Kollegen, dass offensichtlich gar kein Interesse daran bestand, dem Personal bezahlbaren Parkraum zur Verfügung zu stellen. Davon abgesehen war der gewählte Standort nicht nur günstig, sondern sozusagen beim billigen Jakob erstanden: Geeignetere Standorte hätte es viele gegeben, repräsentativer, mit ausreichend Parkplätzen, in einem ansprechenderen Umfeld – für dieselbe Miete.

Das Nächste, worüber wir uns wunderten, war, dass das alte Mobiliar im bisherigen Gebäude verblieb und samt und sonders eine neue Einrichtung, neue Tische und Schränke, angeschafft wurde. Das passte unserem Verständnis nach so gar nicht in das Bild einer Hilfsorganisation, die dringend sparen muss. Allerdings hatte dieser Vorgang einen logischen Hintergrund, den wir bald begriffen: Die neuen Schreibtische und Aktenschränke waren bedeutend kleiner ausgefallen – ein weiterer Schritt, um auf einer geringeren Quadratmeterzahl künftig mehr Mitarbeiter als bisher unterzubringen. Das Drama Großraumbüro nahm langsam Formen an und wir wurden darin zu den Hauptdarstellern.

Eines war zu diesem Zeitpunkt bereits sicher: Eine Ablage würde es künftig in der bisherigen Form nicht mehr geben und wir wurden angehalten, alles was nicht mehr aufbewahrenswert erschien, zu vernichten. Zehn Jahre Aufbewahrungspflicht für alte Vorgänge und Akten erschien der Unternehmensleitung genug, und was zeitlich über diesen Rahmen hinausging, musste der Vernichtung zugeführt werden. Natürlich sammelt sich im Laufe der Jahre viel überflüssiger Kram an und wir sortierten nach bestem Willen und Gewissen unsere Unterlagen aus. Das war aber leider nicht genug, denn durch die nun fehlende Archivierungsmöglichkeit – früher befand sich ein strukturiertes Archiv im Keller – kam es am eigenen Arbeitsplatz zu einem Rückstau der Akten, die jetzt zusätzlich zu den aktuellen Akten in einem unterdimensionierten Schrank eingeschichtet werden wollten. Ein interessanter Schachzug der Sanierer, denn wir Mitarbeiter wurden damit unter

Druck gesetzt, für die fehlende Großablage am Arbeitsplatz eine Ersatzlösung zu improvisieren. Die Problempunkte »Ablage« und »räumliche Enge« wurde damit geschickt auf die Mitarbeiterinnen und Mitarbeiter verlagert und effektive Arbeitsabläufe damit weitgehend unterbrochen.

Bürolandschaft 2.0 oder:
Jetzt wird es kuschelig

Die Hilfsorganisation weiß, was gut für dich ist.

Im Rahmen der betriebswirtschaftlichen »Sanierung« unseres Hauses stand eine »Optimierung der Arbeitsplätze« an, was nichts anderes bedeutete, als dass die Büros im neuen Quartier umgestaltet werden sollten. Während der bisherigen Philosophie entsprechend uns seit vielen Jahren beschauliche Einzelzimmer oder schlechtestenfalls Büros für zwei Personen zur Verfügung gestanden hatten, mutierten unter den Presslufthämmern und Stemmwerkzeugen der engagierten Handwerker innerhalb weniger Wochen die beliebten und gemütlichen »vier Wände«, in denen wir uns bisher acht Stunden am Tag mehr oder weniger wohl fühlen durften, zu kühlen und abweisenden Großraumbüros mit miserabler Klimatisierung. Direktor Kleinert befand, dass sich durch diese Maßnahme das produktive Arbeitsklima deutlich verbessern ließe. Zweifelsohne ging aus seiner Anmerkung auch hervor, dass er die bisherige Produktivität seiner Angestellten als deutlich steigerungsfähig ansah. Wir kamen uns langsam vor wie Galeerensklaven: »Ruderzahl erhöhen, Sklavinnen und Sklaven, der Chef will Wasserski fahren.«

Mit blumenreichen Worten wurde nun versucht, uns den neuen Umstand schmackhaft zu machen, und der Direktor drosch gebetsmühlenartig seine Lieblingsphrasen von Transparenz und Flexibilität, von denen wir mittlerweile wussten, wie sehr er sie zu seinen Gunsten auslegte. Misstrauen und Überwachung am Arbeitsplatz, abwertende Schachzüge, um der Privatsphäre keine Chance mehr zu bieten. Diese einschneidenden Maßnahmen in unser Wohlbefinden am Arbeitsplatz hatte mehrere Ziele: die Stimmung zu drücken, den Druck auf den Einzelnen zu erhöhen und Effizienz nach außen zu demonstrieren.

Getragen wurde das hehre Ziel durch die geradezu hysterische Begeisterung, mit der die Wasserträger und Spione unter uns den positiven Quantensprung der neuen Büros in die Landschaft posaunten. So etwas kann ja bekanntlich auch ansteckend wirken. Aber nicht wenige der Kolleginnen und Kollegen hatten nur ein flaues Gefühl in der Magengrube, wenn sie sich an ihren neuen Arbeitsplätzen niederließen, und fühlten sich an die drangvolle Enge eines überfüllten Klassenzimmers erinnert. Nicht zuletzt handelt es sich bei den genannten Maßnahmen um geeignete Instrumente, zarter besaitete Individuen zur freiwilligen Aufgabe zu bewegen. Derartige Kollateralschäden waren stets willkommen und galten als angenehmer Nebeneffekt.

Schließlich führten hauseigene Techniker im Rahmen einer nicht genehmigten subversiven Aktion eine Lautstärkemessung durch, zu der mehrere Einzelmessungen pro

Großraumbüro an verschiedenen Punkten in verschiedenen Höhen unauffällig gesammelt und ausgewertet wurden. Daraus errechneten sie anschließend einen durchaus repräsentativen Mittelwert, der uns schaudern ließ.

Bei voller Besetzung und ruhigem Arbeiten in den Büros lag der Lärmpegel bereits bei 64 dB (Dezibel), während bei hektischer Aktivität dieser Wert bis 76 dB anstieg, was in etwa dem Lärm eines vorbeifahrenden Sattelschleppers in zehn Metern Entfernung entspricht. Während aber der Lkw in wenigen Sekunden vorbeifährt und der Lärm abschwillt, bleibt die Lärmwand im Büro oft lange stabil stehen, weil Menschen in lauter Umgebung dazu neigen, den Lärm zu übertönen, um selbst noch verstanden zu werden.

Wissenschaftliche Erkenntnisse über die Konzentrationsfähigkeit des Menschen in lauter Umgebung lassen den Rückschluss zu, dass ab circa 55 dB die Konzentrationsfähigkeit rapide abnimmt und bei spätestens 78 dB ein Tief von maximal 15 Prozent der möglichen Konzentrationsleistung erreicht wird. Nehmen wir nun den Mittelwert der Amplitude zwischen den zwei Extremwerten, errechnet sich ein Referenzwert, der in etwa einer 45-prozentigen Konzentrationsfähigkeit entspricht.

Und das auch nur auf dem Papier, weil weitere Parameter wie Tagesform, Gesundheitszustand, Biorhythmus oder emotionale Eindrücke hier keine Berücksichtigung finden.

Konzentration ist kein stabiler Vorgang. Hat sich was mit der gesteigerten Produktivität! Dass Gegenteil ist der Fall: Die Besatzung des schlingernden Großraumbüros beginnt sich geistig auszuklinken oder Fehler zu machen, was in jedem Fall zu verlangsamten Prozessen führt. Selbst die anschließende rhetorische Notbremse, das Amphetamin in Form des letzten Motivationsschubes, nämlich die individuelle Teamfähigkeit des betroffenen Mitarbeiters anzuzweifeln, ihn quasi als unfähig darzustellen, um ihn an der Ehre zu packen – um aus ihm rauszuholen, was nicht möglich ist, nämlich angeordnetes Multitasking unter schlechten Voraussetzungen –, ändert an den wissenschaftlich-medizinischen Fakten rein gar nichts.

Diese und weitere Erkenntnisse lassen an Großraumbüros kein gutes Haar mehr. Hier handelt es sich um Irrwege der Personalorganisation mit dem Ziel der skrupellosen Gewinnmaximierung auf Kosten der Befindlichkeit von Angestellten, erdacht von den kranken Gehirnen gieriger Leute, die selber nicht einmal im Traum daran dächten, diese Arbeitsplätze selbst einzunehmen.

Wir fragten uns zuletzt, ob der Radikalumbau vom finanziellen Aufwand her in einem Verhältnis zu dem möglichen Sparpotenzial stehen konnte. Uns wunderte nicht, dass wir zu diesem Einwand lediglich böse Blicke ernteten und sich die Urheber des Umbaus jeden Kommentars enthielten. Noch weniger gern gehört worden ist das Argument eines Spaßvogels, der unter dem Gesichtspunkt der Massentierhaltung – oder, wie er es zu nennen pflegte, der Pressure-Work-Life- Balance – vorbeugend die regelmäßige Abgabe von Antibiotika an die Kolleginnen und Kollegen forderte, um präventiv Krankheiten einzudämmen, die in diesem Klima hervorragende Wachstumsbedingungen vorfänden. Antibiotikum hat er keines bekommen, aber eine Abmahnung wegen »Unflätigkeit«. Dem Diktator widerspricht niemand ungestraft.

Menschen, die helfen …

»Touchdown-Zone« oder: Das Ende der Gemütlichkeit

Ohne Mampf kein Kampf – ohne Würfel kein Sitzplatz.

Es soll in der Bundesrepublik Deutschland tatsächlich noch Unternehmen geben, die für ihre Angestellten eine Kantine betreiben. Dieses gemütliche Relikt aus der Wirtschaftswunderzeit wird heute mehr und mehr ausgesondert. Was einst als Vorteil angesehen wurde – dem Personal kostengünstig und in der näheren Umgebung des Arbeitsplatzes einen Hort der Ruhe zur Nahrungsaufnahme und vorübergehenden Entspannung zu bieten –, gilt unter heutigen Gesichtspunkten für die meisten Beratungsunternehmen als längst überholt und nicht mehr zeitgemäß. Denn der Personalaufwand, mit dem eine Kantine zu betreiben ist, erscheint ihnen zu hoch.

Ein Berater wird meist geholt, um Kosten zu senken, nicht um sie zu erhöhen. Insofern erscheint es nur konsequent, wenn im ersten Schritt die Kantine ersatzlos geschlossen, dass dort tätige Küchenpersonal geschasst und die nun frei werdenden Quadratmeter mit Arbeitsplätzen belegt werden, die den Sinn haben, Geld zu erwirtschaften, statt bezuschusst zu werden.

Das Spielchen funktioniert deshalb so gut, weil heute ein Überfluss an Arbeitskräften vorhanden ist, die jederzeit austauschbar erscheinen. Um sie muss sich niemand besonders kümmern oder ihnen gar Annehmlichkeiten wie eine gediegene Kantine bieten.

In der oben angesprochenen Wirtschaftswunderzeit der 1950er- und 1960er-Jahre jedoch waren männliche Arbeitskräfte rar und gesucht, weil die Schlachtfelder des Zweiten Weltkriegs einen hohen Blutzoll gefordert hatten. Frauen hingegen hatten entsprechend dem damaligen Rollenverständnis zu Hause am Herd zu stehen und die fröhliche Kinderschar zu umsorgen; die meisten Arbeitsplätze außerhalb der Familie waren nahezu ausschließlich der männlichen Spezies vorbehalten. Um die gesuchten – männlichen – Arbeitskräfte zu bekommen und möglichst auch an sich zu binden, galten die Arbeitgeber deshalb als stets bemüht, ein Arbeitsumfeld zu schaffen, in dem es an nichts fehlte.

Und nach der langen Zeit der Mangelernährung und des allgegenwärtigen Hungers spielte die ausreichende Nahrungszufuhr eine große Rolle für die Gesellschaft dieser Zeit. Die eigene Kantine geriet – im Rahmen der firmeninternen Möglichkeiten – auf diese Weise fast zur Selbstverständlichkeit. Und wer die Wahl bei der Arbeitsplatzsuche hatte, entschied sich nicht zuletzt aufgrund einer vorhandenen Kantine und bezuschussten Essenmarken für diesen Arbeitgeber.

Aus dieser Historie heraus entstand die Gewohnheit, die etwa Mitte der 1980er-Jahre zum ersten Mal Risse bekam. Verschiedentlich wurde jetzt nicht mehr auf eine eigene Kantinenküche gesetzt, sondern der Küchenchef mit der Kochmütze gab Essen aus, dass aus einer Großküche bezogen wurde. Die Qualität ist häufig als mager und geschmacksarm moniert worden, ein Umstand, dem sich weitgehend mit Geschmacksverstärkern, damals noch dem allseits beliebten Flüssiggewürz »Maggi«, abhelfen ließ. Dem kostenbewussten Arbeitgeber tat diese Maßnahme allemal gut, sparte er doch fast das gesamte Küchenpersonal ein. Und wenig später genügte eine ungelernte Hilfskraft für die Essenausgabe, das Einsammeln der Abfälle und das Befüllen des Geschirrspülers.

In den 1990ern dann setzte ein beispielloses Kantinensterben ein, das sich bis heute fortsetzt.

Während die Großindustrie zum Teil noch an alten Verhaltensmustern festhält, nicht zuletzt um der Zeitersparnis wegen Personalströme um die Mittagszeit gezielt zu lenken, sind die meisten mittelständischen Betriebe dazu übergegangen, maximal eine Art Aufenthaltsraum zur Verfügung zu stellen, an dessen Tür sich anschließend die Pizza-Dienste, Hamburger-Lieferanten, Döner-Zusteller und eifrige Asiaten überhastet die Türklinke in die Hand geben.

Den meisten Bestellern dürfte überhaupt nicht mehr bewusst sein, dass ihre Väter sich in dieser Lieferwelt der Schnell- und Garküchen eher beklommen gefühlt hätten. Im Endeffekt wird an den eigenen Mitarbeitern gespart – zu deren Lasten, auf deren Kosten. Deutsche Hausmannskost war gestern, aber das muss kein Vorteil sein, denn die war frisch zubereitet. Ein Argument, dass in der »Slow Food«-Bewegung noch am ehesten Anklang findet. Angesagte Entschleunigung steht aber einer sich immer schneller drehenden Welt diametral gegenüber. Und gerade Arbeitgeber springen nur zu gern auf dieses Karussell auf und lassen es unter dem Vorwand der Konkurrenzfähigkeit und dividendengesteuerter Aktionäre immer schneller drehen. Auslastung erhöhen, Arbeitstakt verdichten, schneller, höher, weiter – nur so geht's. Essen hält dabei nur auf und versprüht den Hauch von verzögerten Prozessen. Und die sieht niemand in dieser Liga gern.

Deutschlands Magengeschwüre und Verdauungsbeschwerden sprechen hier eine klare Sprache. Gegessen wird zu viel, zu schwer und zu hastig. Stress und Nahrungsaufnahme passen nur bedingt zueinander, und wer das zu häufig praktiziert, wird irgendwann ein gesundheitliches Problem entwickeln. Die Krankheit ist an sich keine Krankheit, sondern die körperliche Reaktion auf eine Verhaltensweise, die der eigenen Physis nicht gut tut. Kein Wunder, dass sie sich zur Wehr setzt.

Genauso wenig konnten auch wir uns zur Wehr setzen, als eines Tages die Bekanntgabe die Runde machte, dass unsere allseits beliebte Kantine für immer ihre Pforten schließen wird. Der Stachel hierzu wurde bereits gesetzt, als die Essenmarken gestrichen wurden. Eine Aktion, die sogar den Personalrat auf den Plan rief, waren seine Mitglieder doch wenigstens dieses eine Mal genauso betroffen wie der Rest der Mitarbeiterinnen und Mitarbeiter und deshalb besonders motiviert, dagegen einzuschreiten. Die Direktion fertigte eine ungeschickte Delegation mit ausgesuchten Floskeln wie »die Gewinnschwelle nicht erreicht«, »wichtige Einsparung im Rahmen der betrieblichen Reorganisation« und »der Umsatz der Kantine blieb hinter den Erwartungen zurück« nach wenigen Minuten ab und schickte die Personalvertreter mit leeren Händen und hängenden Köpfen zurück an ihre Arbeitsplätze. Die sowieso nicht üppige Bezahlung sorgte nun für ein rasches Umdenken der Belegschaft hin zu dem klassischen »Butterbrot-aus-der-Aktentasche-Prinzip«, und die Kantine konnte sich kaum noch eines Besuchers erfreuen, was wiederum den Kantinenpächter in Rage brachte, weil der die zubereiteten Mahlzeiten nun nicht mehr absetzen konnte. Kein Wunder, bewegten sich die Preise doch jetzt nicht mehr zwischen vier und sechs Euro, sondern zuschussbereinigt zwischen acht und zwölf. Das war für die meisten Kolleginnen und Kollegen einfach nicht drin.

Wunschgemäß schmiss der Kantinenpächter den Laden hin und alsbald begannen in diesen Räumlichkeiten umfangreiche Bauarbeiten. Nach wenigen Wochen konnten wir das Ergebnis besichtigen: Drei neue Konferenzräume mit hochwertiger Ausstattung und eine – »Touchdown-Zone«.

Der Direktor persönlich präsentierte seiner Belegschaft diese neue Errungenschaft wie eine Gottesgabe, während wir argwöhnisch die bunten quadratischen Plastikwürfel bestaunten, die uns in Zukunft als Sitzgelegenheit in dieser Ruhezone dienen sollten. Im gleichen Zuge ließ es sich der Direktor nicht nehmen, seine Belegschaft stirnrunzelnd und mit ernster Mimik darauf hinzuweisen, dass das Essen am Arbeitsplatz spätestens ab jetzt – verboten sei. Dafür war ab sofort ausschließlich die Touchdown-Zone vorgesehen.

Wir fühlten uns an ein Bälleparadies erinnert, in dem manche Eltern ihre Kinder für die Zeit des Einkaufs in den großen Möbelhäusern zwischenparken. Die meisten von uns fühlten sich diesem schönen Kindesalter jedoch entwachsen und konnten deshalb den bonbonbunten Plastikwürfeln nicht viel abgewinnen.

Unsere Freude über die neue Errungenschaft unserer Hilfsorganisation hielt sich damit in Grenzen. Und während die Belegschaft noch diskutierte, durch wie viele Würfel sich ein Tisch simulieren ließ, um eine vernünftige Essensunterlage zu errichten, erklang aus einer Ecke lautes Gelächter. Dort wurde der stark übergewichtige Bereichsleiter Zausel genötigt, Platz zu nehmen. Und während das Hinsetzen noch einigermaßen klappte, waren drei starke Männer nötig, um ihn aus den Plastikwürfelchen wieder herauszuziehen. Zumindest diese Prüfung hatte die neue Touchdown-Zone nicht bestanden.

Und es mangelte nicht an Versuchen der Belegschaft, sich dort während der Mittagspause niederzulassen. Aber bei diesem »Lego-für-Erwachsene-Spiel« fand sich nie eine orthopädisch auch nur einigermaßen annehmbare Lösung, denn alle Würfel waren gleich groß. Entweder man saß zu hoch oder zu niedrig, was meist zu süffisanten Bemerkungen im Kollegenkreis führte. Zumindest eine Zeit lang war diese Ruhezone aber ein Quell der Freude und des Spaßes für die Belegschaft, denn die gepolsterten Würfel eigneten sich ganz hervorragend, um vorbeigehende Kollegen damit zu bewerfen. Sehr zum Verdruss der Direktion, denn die meinte es doch tatsächlich ernst damit, dass wir in einer unmöglichen Position dort unser Essen zu uns nehmen sollten, und zeigte sich erbost ob der geradezu anarchischen Zweckentfremdung. Nach und nach wurden thekenähnliche Ablagen an einer Trennwand montiert, an denen sich immerhin im Stehen essen ließ. Ein Hinweis auf gewisse Einsicht, so wurde zumindest vermutet.

Eine Verbesserung gegenüber alten Kantinenzeiten konnte aber nur die Direktion erkennen, die diesen Kostenfaktor erfolgreich eliminiert hatte. Die Kolleginnen und

Kollegen nahmen ab diesem Zeitpunkt weite Wege und Zeitverluste in Kauf, um an geeignete Nahrungsquellen zu gelangen.

Davon bekam die Direktion allerdings nichts mit, denn die Führungsriege genoss möglichst oft das exzellente Ambiente und die mediterranen Köstlichkeiten des Zwei-Sterne-Lokals auf der gegenüberliegenden Straßenseite – selbstverständlich auf Firmenkosten. Die bunten Würfel wurden eines Tages in einer Ecke gestapelt und verstauben seitdem. Nur noch selten kommt einem ein unbekanntes Flugobjekt auf Kollisionskurs aus diesem Raum entgegengeflattert.

Der Arbeitsplatz bricht weg oder:
Experiment Straflager light?

Unser Wahlspruch: Menschen, die (nicht) helfen.

Ich habe lange darüber nachgedacht, ob ich die folgenden Vergleiche ziehen soll, aber nichts schien mir zutreffender als der Vergleich mit dem Arbeitslager einer Diktatur, wenn auch in einem viel harmloseren Maßstab.

Von der psychologischen Sichtweise aus ergeben sich aber doch interessante Parallelen im Verhaltensmuster der betroffenen Personen, die beim Angriff auf ihre berufliche Existenz sich ganz ähnlich verhalten wie in einer Situation, in der es um ihr Leben geht – was es ja in gewisser Weise auch tut, denn es geht um ihr Arbeitsleben. Und ohne Arbeit ist die Existenz schnell bedroht, wenn die Miete zu zahlen ist, der Autokredit, der Unterhalt für die Exfrau oder die Kinder.

Diese Liste ließ sich noch beliebig erweitern und wenn mangels Arbeit und ohne Einkommen diese Positionen nicht mehr bedient werden können, kann von einer Existenzbedrohung gesprochen werden, auch wenn sie nicht primär Leib und Leben betrifft. Sekundär ist man jedenfalls schnell im Eimer.

Es war äußerst interessant zu beobachten, wie die Sanierer mit geringen Änderungen, vagen Andeutungen, dreisten Bluffs und dominantem Verhalten maximale Erfolge bei der Steuerung der Belegschaft erzielen konnten. Einem Psychogramm gleich konnte der Beobachter feststellen, wie sich die Belegschaft aufbrechen ließ:

Zuerst wurden die Führungskräfte ausgewechselt und auf hundertprozentige Linientreue eingeschworen. Bevorzugt wurden machtgierige, nicht sonderlich intelligente Personen. Sie sollten für die Durchführung der chirurgischen Schnitte zuständig sein, welche von der Unternehmensleitung mithilfe einer Schar mehr oder weniger seriöser Unternehmensberater und Rechtsanwälte für die Strukturänderungen vorgesehen waren. Denn für die Drecksarbeit geben sich die hohen Herren nicht gerne her. Zu gefährlich fürs eigene Image, das in der Außendarstellung sauber zu bleiben hat.

Das Personal musste sich zwangsläufig mit der neuen Situation auseinandersetzen, denn irgendwie wurde jeder davon betroffen. Es dauerte nicht allzu lange, bis sich herauskristallisierte, wer sich wie verhielt.

Da ergatterten anerkannte Verlierer des Verbandes plötzlich Stellen, die sie sich in ihren kühnsten Träumen nie hätten ausmalen können. Nun, mit Krawatte und Befugnissen ausgestattet, ließen sie es richtig krachen und ihre Wut über die eigene verpfuschte Karriere an der Belegschaft aus. Der Kleingeist an der Macht war zu allen Zeiten ein unberechenbarer Gegner.

Der Belegschaft blieb gar nichts anderes übrig, als Positionen einzunehmen, die ihr ein möglichst langes »Überleben« in diesen unsicheren Zeiten ermöglichen konnten.

Da gab es die große Mehrheit, die sogenannten Dulder, die versuchten, sich so wenig wie möglich aus dem Fenster zu lehnen, und hofften, dass dieser Kelch schnell und schmerzlos an ihnen vorübergehen würde.

Andere wiederum sprachen Probleme und Missstände an, ließen sich nicht den Mund verbieten und rebellierten teils offen gegen das Regime – sie wurden entsorgt oder mit geeigneten Mitteln kalt gestellt.

Und es gab die Spione und Wasserträger, die versuchten, sich auf eben diese Weise – nämlich durch Zuträgerdienste – einen Vorteil bei den Vorgesetzten zu verschaffen. Sie stellten eine besondere Gefahr dar, weil Meinungen und Namen schnell an die Schaltstellen im jeweiligen Bereich gelangten, die daran ein Interesse hatten. Mit entsprechenden Konsequenzen für die Betroffenen. Dies alles geschah in dieser Phase noch ohne große Not.

Kollegen verwandelten sich in Raubtiere, die um die anderen herumschlichen, stets bereit, ihnen in den Rücken zu fallen und die Beute dem Vorgesetzten in Demut als Opfergabe zu präsentieren. Sie begannen sich von der Gemeinschaft zu separieren, um auf die Seite der Stärkeren zu wechseln, um vermeintlich eins mit ihnen zu werden und es doch nie zu sein. Selbst die Optik passten sie an. Wo bisher Jeans und Schlabberpulli das Outfit bestimmten, war nun der Anzug mit Krawatte en vogue. Die Kleidung bleibt jedem selbst überlassen, jedoch hatte sich bei uns – im reinen Bürobetrieb meist ohne geschäftliche Termine – bequeme Kleidung durchgesetzt, was nicht ausschloss, dass wir im Falle eines Falles auch ebenso in den feinen Zwirn schlüpften.

Das geänderte Kleidungsverhalten mancher Kollegen fiel einfach auf.

Auch der Gruß gegenüber den Kollegen fiel ihnen nicht mehr so leicht wie früher, während sie jedem sinnlosen Furz der Vorgesetzten mit geradezu hysterischem Eifer zusprachen und ihn gierig einatmeten.

Freiwillige Abziehbilder unserer unbeliebten Führungsriege. Provokant, aber schlussfolgernd verstehe ich nun, warum diese Spezies – die es ja zu allen Zeiten gab – es im letzten großdeutschen Albtraum kaum erwarten konnte, die Zivilkleidung gegen die Uniform zu tauschen und die Hakenkreuzbinde stolz auf dem linken Oberarm zu präsentieren.

In dieser Hinsicht besonders umtriebige Kollegen handelten sich deshalb die abwertende Bezeichnung »Pisspage« ein. Zur Erklärung dieses Begriffs muss ich kurz ausholen: Beim Pisspagen*, dessen berufliche Existenz spätestens seit der Zeit des Barocks überliefert ist, handelte es sich meist um eine männliche Person niedrigen Standes, deren Aufgabe es war, am Hof eines Königs dessen adeligem Hofstaat

---

* Der Bedarf an Personal, die Körperausscheidungen gegen ein geringes Entgelt entsorgen mussten, entstand aus dem Umstand heraus, dass die Planungen vieler Schlösser des ausgehenden Mittelalters und der beginnenden Neuzeit kaum Räume zur Verrichtung der Notdurft vorsahen. So gab es etwa in Schloss Nymphenburg (München) nur zwei primitive Aborte – für mindestens 300 Personen. Kein Wunder, dass es unter diesen katastrophalen hygienischen Umständen eine Vielzahl der Schlossbewohner vorzog, ihr Geschäft im Freien zu verrichten.

beim Verspüren eines Blasendrucks den »Pisseimer« (Urinal) in einer bestimmten Position zu halten, damit dort hinein das »Geschäft« bequem verrichtet werden konnte. Diese Brühe wurde anschließend im nächsten Gebüsch oder in einen Bach geleert. (Wir schlossen in manchen sarkastischen Redensarten aber auch den Umstand nicht aus, dass mancher unserer »Pisspagen« für eine wohlwollende Geste seines Vorgesetzten auch entschlossen gewesen wäre – diesen Eimer auszutrinken).

Die Zahl juristischer Auseinandersetzungen nahm in kurzer Zeit besorgniserregende Ausmaße an. Diese einst hochseriöse Hilfsorganisation als Stammgast bei den Arbeitsgerichten …

Und dort argumentierten die auf Rechtswegen in die Enge getriebenen Mittäter genau so, wie es aus beendeten Diktaturen bekannt ist: Befehlsnotstand! Im Klartext: Ich wollte den Kollegen ja gar nicht so quälen, aber mein Vorgesetzter hat es mir befohlen. Hier zeigt sich die Kleingeistigkeit nochmals besonders schreckenerregend. Manipulierte und willensschwache Werkzeuge, getarnt mit Anzug, schief gebundener Krawatte und Befugnissen, die ihnen mehrere Schuhnummern zu groß waren. Eine Schande für diese Hilfsorganisation. Am Rande soll noch Erwähnung finden, dass der Großteil der Prozesse zu Ungunsten der Hilfsorganisation entschieden worden ist und so mancher Richter erbost über die Art und Weise war, wie die Vertreter dieses Unternehmens selbst in den Gerichtsverhandlungen nicht davon ablassen wollten, nachgewiesenes begangenes Unrecht zu ignorieren, und die Beleidigten spielten.

Ein kleiner Trost insofern, aber die deutschen Gerichte urteilen hinsichtlich der Festsetzung von Schadenersatz und Schmerzensgeld, als müssten sie die Summen aus eigener

Tasche bezahlen, und führen mit Vorliebe einen Vergleich zwischen den Parteien herbei, so als ließe sich entstandenes Leid, an dessen Ende der Verlust des Arbeitsplatzes steht, vergleichen. Im Grunde geht das an der Realität vorbei, denn der Verlierer ist bei diesem Prozedere in jedem Fall der Arbeitnehmer.

Die vereinbarten Summen bewegen sich in Größenordnungen, die den Firmen nicht weh tun und dem Arbeitnehmer nicht wirklich nützen. Schließlich und endlich hat der Arbeitgeber sein Ziel erreicht, das Arbeitsverhältnis erfolgreich zu zerrütten, denn die Eskalation bis zum Gerichtsprozess ist oft kein Zufall, entspricht aber dem letzten Akt in diesem Drama. So richtig Freude mag deshalb selbst nach einem erfolgreichen Prozessverlauf nicht aufkommen, denn der Arbeitnehmer bleibt auf seinen Anwaltskosten sitzen, die erstrittenen Beträge sind nicht steuerfrei und im ungünstigen Fall sperrt die Agentur für Arbeit die Auszahlung von Arbeitslosengeld, bis ein Großteil des Geldes aufgebraucht ist. Und da dieser Umstand bei den Unternehmensberatern und Rechtsanwälten landauf, landab bekannt ist, gibt es keinen Grund, diese fiesen Praktiken in der Personalreorganisation zu ändern. Möge ein höheres Wesen unsere Richter dahingehend erleuchten und künftig für Urteile sorgen, die den Betreffenden schwerer als bisher im Magen liegen.

Erst wenn die Unternehmen mit empfindlichen Summen rechnen müssen, wenn es beginnt zu schmerzen, werden sie ihr frevelhaftes Tun überdenken und andere Wege einschlagen.

Der Salzstock oder: Lagerst du noch oder faulst du schon?

*Wer die Ablagestruktur verachtet,
verachtet auch die Mitarbeiter.*

»Jeder bekommt einen Büroschrank. Wie ihr das organisiert, ist eure Sache, aber es dürfen nirgends Ordner lose herumstehen«. So mancher von uns hielt das für einen schlechten Witz, denn gefühlt hätte jeder mindestens drei Schränke gebraucht, um seine wichtigsten Unterlagen sach- und fachgerecht unterzubringen. Da es überall hakte, wurde schnell eine Interimslösung ersonnen: der Salzstock! Einer unserer Schlaumeier machte ein Unternehmen ausfindig, das nicht nur Akten einlagerte –derer gibt es reichlich auf dem Markt –, sondern noch ein besonders günstiges, das damit kokettierte, die Ordner in einem aufgelassenen Salzbergwerk irgendwo in Mitteldeutschland zum unschlagbaren Preis einzulagern.

Schmackhaft ist uns diese befremdlich anmutende Lösung damit gemacht worden, dass ja bei Bedarf nur der Karton mit dem entsprechenden Ordner bestellt werden müsse, wenn ein Vorgang aufpoppt. Es ist uns als Leichtigkeit präsentiert worden, so zu verfahren, und unsere berechtigten Bedenken wurden auf Anordnung von oben beiseite gewischt.

Wer hartnäckiger nachfragte, sah sich bald mit den entgleisenden Gesichtszügen des Bereichsklopses Zausel konfrontiert, der wie ein gequälter Kettenhund jeden anbellte, der ihm schräg vor die Lefzen kam. Die Praxis gestaltete sich allerdings anders und unsere schlimmsten Befürchtungen erfüllten sich. Es dauerte nicht lange, bis mit schöner Regelmäßigkeit Lkws des Logistikunternehmens im Hof parkten und flinkes Personal Kartons ablud, die unsere Ordner enthielten. Wie wir erfuhren, war das Logistikunternehmen aus einem uns unbekannten Grund gezwungen gewesen, die Kartons innerhalb der Lagerkette zum großen Teil umzupacken. Wie auch immer, die ankommenden Kartons enthielten oft nicht die darin vermuteten Ordner, andere Kartons waren durchweicht und aufgerissen, die Ordner darin ebenfalls, modriger Geruch machte sich in den Büros breit, Packlisten stimmten nicht mehr überein, es bahnte sich eine mittlere Katastrophe an.

Die Kolleginnen und Kollegen sahen sich ihrer Handlungsgrundlage beraubt.

Die Gleichgültigkeit der Vorgesetzten gegenüber dieser Problematik ließ nur den Schluss zu, dass mit dem Bezug des neuen Gebäudes auch die alten Zöpfe abgeschnitten werden sollten, und zwar ohne Rücksicht auf Verluste bis zur Kahlrasur.

Am schlimmsten traf es Fachabteilungen, die mit Genehmigungen und Urkunden zu tun hatten, denn die waren laufzeitunabhängig; es bestanden noch Genehmigungen, die auf die 1970er-Jahre zurückgingen, aber nach wie vor Gültigkeit hatten und im Tagesgeschäft immer wieder als Grundlage dienen mussten. Ein Umstand, den niemand der schlauen Vorgesetzten hören wollte; sie beharrten engstirnig auf deren Vernichtung.

Besonders verantwortungsbewusste Mitarbeiter forderten für diese Radikalaktion eine schriftliche Weisung, um sich möglichen künftigen Vorgesetzten gegenüber notfalls rechtfertigen zu können, bekamen sie aber nicht. Eine mündliche Arbeitsanweisung bedarf keines schriftlichen Zusatzes. Punkt.

Unsere Führungskräfte hielten sich eisern an die Ganovenregel Nummer eins, die da lautet: Lass dir von anderen alles schriftlich bestätigen und tu im Gegensatz zu ihnen nie dasselbe.

Aber das sei nur am Rande erwähnt. Der Verlust und seine Auswirkungen hinsichtlich einer funktionierenden Verwaltungsstruktur waren aus den genannten Gründen erheblich und für die Betroffenen tief deprimierend. Kaum noch einen Vorgang gab es, der auf Anhieb zu bearbeiten war. Stundenlange, zähe Ermittlungen waren jetzt nötig, um zu eruieren, was der Computer vorher in Sekundenschnelle ausgespuckt hatte, immer in der Erkenntnis, dass die seriöse Auskunft für immer der Vergangenheit angehörte.

Diese Kolleginnen und Kollegen sind vom System voll ausgebremst und ihr Fachgebiet ist ohne geöffnete Airbags an die Wand gefahren worden.

Anschließend wurde ihnen noch ein Ticketsystem übergestülpt, um Auswertungen fahren zu können. Pro Vorgang musste nun ein »Ticket« eröffnet, bearbeitet und am Ende wieder geschlossen werden – eine genaue Dokumentation des Zeitaufwands für eine Sache, die vorher zerschossen worden war, was wiederum einen erhöhten Arbeitsaufwand mit sich brachte. Und die vom System generierten Eskalationsmails nervten und setzten den Bearbeiter zusätzlich unter psychischen Druck. Das hatte schon etwas von einer Irrenhausstruktur.

Anscheinend wollten die Urheber dieser Misere genau wissen, wie viel Arbeit ihr kongenialer Schachzug noch übrig gelassen hatte. Selbstverständlich wurden für die Verzögerungen der Vorgänge und die fehlenden Akten die Mitarbeiterinnen und Mitarbeiter verantwortlich gemacht. Irgendwo in der Tickethistorie ließ sich immer ein Anhaltspunkt finden, der in verschiedene Richtungen auszulegen war.

Das Personal kam sich mittlerweile vor, als würde es selbst in einem Salzbergwerk arbeiten. Mit einer Eisenkugel am Bein.

Der verrückte Professor oder:
Qualitätsmanagement – dein neuer
Gott am Arbeitsplatz

Wenn ich nicht mehr weiter weiß, gründe ich einen Arbeitskreis – oder führe Qualitätsmanagement ein!

Während damit geschlagene Unternehmen sich abmühen, die Seuche des Taylorismus wieder loszuwerden, der in den Neunzigern fröhliche Urständ feierte und zum Lieblingswerkzeug von Unternehmensberatern mutierte, um vorhandene Firmenstrukturen in ihren Grundfesten zu erschüttern, begann unser Unternehmen diesen Unsinn ebenfalls einzuführen.

Ich will das Qualitätsmanagement (QM) gar nicht in allen seinen Facetten verteufeln, es hat durchaus Sinn, wo es gilt, Termine bei hohem Kundenaufkommen zu koordinieren, etwa in Callcentern, Leitstellen oder Service-

Betrieben wie Reparaturcentern oder medizinischen Laboren. Es bietet die Möglichkeit, dass durch die Standardisierung der Auftragsannahme über ein sogenanntes »Ticket« die wichtigsten Daten nach Vorgabe erfasst werden müssen und nicht irgendwo als gekritzelte Zettelnotiz herumliegen können, die möglicherweise beim nächsten Windzug durch ein geöffnetes Fenster auf Nimmerwiedersehen verschwindet oder unter einem Stapel Papier vergessen wird.

Einmal im System aufgenommen, überwacht die Software den Fortgang des Verlaufs, erinnert immer wieder an sich selbst und hilft dem von Natur aus vergesslichen Menschen, nicht zu vergessen, was nicht vergessen werden soll. Das sorgt für größtmögliche Sicherheit, Termintreue und Transparenz im Bearbeitungsprozess und birgt den zusätzlichen Vorteil der Auswertbarkeit in schönen bunten Diagrammen. Insofern eine imposante Erfindung. Aber um den praktischen Büroalltag zu automatisieren und den Arbeitstakt zu verdichten, die Auslastung der MAK (Mitarbeiterkapazität – ein Messwert, der aussagen soll, welches Arbeitsvolumen eine Arbeitskraft in Vollzeitbeschäftigung innerhalb eines bestimmten Zeitraums bewältigt) voranzutreiben, ist dieses Instrument denkbar ungeeignet.

Da entwickelt das Qualitätsmanagement eine unerwünschte Filterfunktion. Die Abläufe werden behindert, verlangsamt und nicht wenige der Kolleginnen und Kollegen sind verärgert und fühlen sich vom System gegängelt, das ihre Arbeitsgeschwindigkeit negativ beeinflusst, dauernd quengelt und das E-Mail-Postfach zustopft. Schließlich wird ein Büro nicht von einem Fließband dominiert, auf dem Werkstücke liegen, die mit den immer gleichen Schrauben, Muttern oder Steckern bestückt werden müssen, wo immer und ewig tagein und tagaus der identische

Arbeitsgang stattfindet. Die Automation findet spätestens hier ihre natürlichen Grenzen, wo Vorgänge nicht unentwegt nach dem gleichen Muster bearbeitet werden können. Es kommt zu Abweichungen, mit denen das Qualitätsmanagement nichts anfangen kann, denn Automation duldet keine Abweichungen – es ignoriert sie.

Was in den Fabriken von Henry Ford Anfang des 20. Jahrhunderts einer Revolution gleichkam, für einen Quantensprung bei der Fertigung von Fahrzeugen sorgte, nämlich eine signifikante Kostensenkung durch gleichgeschaltete Produktionsschritte, versagt in der Umgebung einer Büroorganisation überwiegend kläglich.

Denn flexible Sachbearbeitung setzt komplexe Denkprozesse voraus und ist darüber hinaus oft von Dritten abhängig, die Meinungen, Fragen, Lösungen zuliefern. Die Sinnhaftigkeit ist anzuzweifeln, wenn das Ticket erst nach Tagen oder Wochen geschlossen werden kann. Die Aussagekraft dessen ist nur noch etwas für absolute Controlling-Freaks, die die theoretische Welt der praktischen vorziehen und fünf Stellen nach dem Komma gegenüber einer differenzierten Realität bevorzugen.

Eine sinnvolle Lösung ist QM in dieser Konstellation nur für den Unternehmensberater oder Sanierer, der an dessen Einführung verdient. Das Unternehmen kriegt einen Haufen Papier mit zweifelhaftem Wert präsentiert, das den Rechnungsbetrag des Auftragnehmers legitimieren hilft.

»Professor Dormann kommt morgen zum Audit«, so die Ankündigung in einer Bereichsbesprechung, die wie üblich zu einem Monolog des Bereichsleiters Zausel ausartete. Wir waren gespannt, was für eine Nummer das wohl werden würde, denn im Vorfeld erfuhren wir nur einen kurzen Abriss über Frederick Winslow Taylor, der als Erster das Prinzip einer Prozesssteuerung von Arbeitsabläufen im 19. Jahrhundert begründete, die sich auf Arbeitsstudien stützt, die das arbeitsvorbereitende Management haarklein vorschreibt.

Der Begriff Scientific Management wurde dafür geprägt und scheint insofern zutreffend, als es sich um ein wissenschaftliches Theoriemodell handelt, dessen primäres Ziel es überhaupt nicht ist, für sich genommen einen Sinn zu ergeben, sondern um Forschung zu strukturieren. Da passte der angekündigte Professor gut ins Raster. Kurz vor den Einzelgesprächen erfuhren wir, dass der Professor Fragen zu unserem Arbeitsplatz stellen würde, die wir pflichtgemäß mit größter Ehrlichkeit beantworten sollten. Auf dem Weg in den Sitzungsraum, wohin wir einzeln bestellt worden waren, kam mir Kollegin Schütz entgegen, sichtlich aufgeregt und eine Träne aus dem Auge wischend. Sie schluchzte und sprach leise zu sich selbst, aber doch für mich hörbar: »So ein gemeiner Mensch! Was fällt dem eigentlich ein?«

Ich nahm das irritiert nur am Rande zur Kenntnis, weil ich gerade im Begriff war, den Besprechungsraum zu betreten. Nach der üblichen Begrüßungszeremonie bat mich Professor Dormann, Platz zu nehmen. Stille trat ein, der Professor starrte auf seine Unterlagen. Dann schoss er eine Frage ab: »Wofür werden Sie hier eigentlich gebraucht? Sie sind ein unnötiger Kostenfaktor!« Ich war überrascht und fühlte Wut in mir hochsteigen, nahm mich aber zusammen, um seriös auf diese offensichtlich beabsichtigte Provokation zu antworten.

»Wenn ich nicht hier wäre, müsste mein Arbeitgeber ein Ingenieurbüro mit meiner Arbeit betrauen, was ungleich teurer käme, als mir den kargen Lohn zu bezahlen«, argumentierte ich.

»Sie verdienen zu viel, die Hilfsorganisation findet zwanzig andere Hochmotivierte, die Ihre Arbeit für die Hälfte erledigen«.

Jetzt war es um meine Fassung geschehen: »Das ist mir doch egal, ich hab hier einen Vertrag«.

»Ach so, ja ja, hm hm … Einen Vertrag also … ja ja … hm hm … Vertrag … Sie müssen viel schneller arbeiten, um Ihren Arbeitsplatz zu erhalten«.

Es wurde immer besser.

»Soll das heißen, dass mein Arbeitsplatz in Gefahr ist?«

»Natürlich ist er in Gefahr. Denken Sie an die zwanzig Hochmotivierten vor der Tür.«

Langsam errang ich die Fassung wieder und begann dem Gespräch zumindest eine gewisse Komik abzugewinnen. Ich begann mit gleicher Münze zurückzuzahlen. »Sind Sie sicher, dass das keine *fünfundzwanzig* Figuren sind, die vor der Tür darauf warten, dass ich meinen Arbeitsplatz räume?«

»Figuren … ja ja … hm hm … ach so … fünfundzwanzig … kann sein … ja ja … hm hm …, und schneller sein, viel schneller hm hm … ja ja … hm …«. Mir fiel sein Tick beim Sprechen auf, sinnlose Phrasen am Ende seiner zweifelhaften Aussagen ständig zu wiederholen.

Irgendwie machte er einen verwirrten Eindruck. Möglicherweise war er nur durchgeistigt, aber dieser Unterschied schien mir marginal. »Wenn ich schneller arbeite, könnte es zu Fehlern kommen«, wandte ich ein.

Der Professor: »Fehler … ja ja … hm hm … Fehler sind ganz schlecht für das Endergebnis, machen Sie besser keine Fehler … Fehler machen, ja ja … hm hm …«.

»Also lieber nicht schneller arbeiten?«

»Doch, doch, viel schneller, sonst kommen die zwanzig Hochmotivierten«.

Ach, Sie meinen die *fünfundzwanzig* Hochmotivierten?«

»Fünfundzwanzig … hm hm … ja ja … die Motivierten …«

»Dann arbeite ich künftig viel schneller und mache Fehler, die ich später abziehen muss.«

»Fehler abziehen … ja ja … hm hm … Die müssen ja irgendwie weg, sonst verfälschen sie das Ergebnis … ja ja … hm hm … Und denken Sie an ihr Gehalt«.

»Ich denke ständig an die nächste Gehaltserhöhung«.

»Das ist gut … ja ja … hm hm … Gehalt … dran denken … hm hm … Das Gespräch ist beendet, ich bin sehr zufrieden mit Ihnen … ja ja … hm hm …«

Ich war froh, den Besprechungsraum verlassen zu können, denn das Gespräch hinterließ einen sehr zwiespältigen Eindruck. Aber jetzt konnte ich nachvollziehen, warum die Kollegin nach ihrem Termin so angeschlagen war. Schließlich ließ sich aus dem Gesprächsverlauf alles Mögliche an alarmierenden Anhaltspunkten extrahieren. Das konnte schnell für nächtliche Albträume und bedrückende Gefühle am Arbeitsplatz sorgen.

Welches Ziel der Professor auch verfolgte, er kam nicht gerade sympathisch rüber. Auch andere Kollegen echauffierten sich über Stil und Art des Gesprächs und waren zum Großteil sehr aufgebracht. Dieser Spuk endete mit Ablauf des Arbeitstages, aber die Auswirkungen dessen sollten sich noch als weitreichend herausstellen. Im Kollegenkreis einigten wir uns darauf, dass der Professor von unserem Unternehmen beauftragt worden war, uns Angst um die Arbeitsplätze einzujagen. Angst und Terror schienen dafür ein probates Mittel und passten gut zu den sonstigen Anwandlungen des Direktors Kleinert. Zweifelsohne verfügte er über sadistische Züge, denn die Ängste und Besorgnisse der Belegschaft bereiteten ihm eine tiefe Befriedigung.

Das Nächste, was wir von Professor Dormann hörten, war, dass er dieselbe Show in einer Außenstelle abzog und der dortige Geschäftsleiter die Befragung abbrach, als zwei entrüstete und ebenfalls den Tränen nahe Kolleginnen ihm von der Art und Weise berichteten, wie der Professor sie fertigzumachen gedachte. Sie wähnten sich grundlos als vor einer sofortigen Entlassung stehend und zitterten wie Espenlaub um ihre Arbeitsplätze.

Der Geschäftsleiter erinnerte sich an seine niederbayerischen Wurzeln, setzte den Professor unter lautstarken traditionsbehafteten Flüchen vor die Tür und erteilte ihm Hausverbot. In unserem Haus hielt Qualitätsmanagement währenddessen immer mehr Einzug in alle Bereiche, und Kolleginnen und Kollegen, die jahrelang ihren Arbeitsplatz innegehabt hatten, verließen uns mehr oder weniger plötzlich. Für sie erschienen Zeitarbeitskräfte oder blutjunges Personal, meist und verständlicherweise ohne praktische Erfahrungen, aber mit einem Vertrauensvorschuss ausgestattet, den sich ältere Kollegen selbst in vielen Jahren nicht hatten erarbeiten können. Kein Zweifel, *50 plus* war über Nacht out und der verrückte Professor trug daran eine erhebliche Mitschuld.

Im Flur konnte nach wenigen Tagen ein Zertifikat nach DIN irgendwas bewundert werden, das an die erfolgreiche Auditierung erinnerte. Es dauerte nicht lange und ein Spaßvogel klebte unauffällig einen Zettel mit dem Wort PONTIFIKAT über das Wort ZERTIFIKAT. Gemerkt hat das niemand, bis die Klebekraft nach mehreren Monaten nachließ und die Schmähung herunterfiel. Anscheinend war das Zertifikat für die Führungsriege nur ein hübsches Beiwerk und sie würdigten es selber keines Blickes, was sie besser hin und wieder getan hätten. So wurde nicht nur die Auditierung zur Lachnummer unter der Belegschaft.

Die Unternehmensberaterin oder:
Madame Stasi lässt grüßen

Keinen Job mehr nach der Wende?
Deine Qualifikation braucht die Hilfsorganisation.

»Wir haben 60 Millionen Schulden«, krächzte Herr Direktor Kleinert in einer überraschend anberaumten Personalversammlung kurz nach seinem Antritt zur Sanierung der Hilfsorganisation.

Stille breitete sich aus, der Torpedo hatte perfekt inmitten seines Personals eingeschlagen. Der Personalrat schwieg betreten, Kolleginnen und Kollegen sahen sich unsicher an, niemand wagte einen Kommentar oder Widerspruch. Herr Kleinert verkaufte uns diese Meldung, als hätte das Personal eine Vollmacht über die Konten der Hilfsorganisation und sich die Taschen jahrelang proppenvoll gefüllt.

Das war mitnichten so; die Summe errechnete sich aus mehreren katastrophalen Fehlentscheidungen früherer Unternehmensleitungen über mehrere Jahre hinweg: ein korrupter Direktor, der nach finanziellen Eskapaden durch einen Knastaufenthalt wegen Unterschlagung zu einem zweifelhaften Renommee gelangte, der Kauf einer asbestverseuchten Bauruine, die jahrelang als Bürogebäude gedient hatte und mit einem zweistelligen Millionenverlust miserabel veräußert wurde, was in zentraler Lage der Großstadt München als wirklich herausragendes Versagen (oder Absicht?) gewertet werden kann, verschiedene strategische Fehlplanungen, große Luxuslimousinen, und als Krönung sogenannte SWAP-Geschäfte (hochrisikoreiche Wetten auf Zinsgewinne).

Million um Million ist in den Sand gesetzt worden, aber nicht von den stets bemühten und mit kargem Lohn ausgestatteten Kolleginnen und Kollegen, die in der Hilfsorganisation verantwortungsvoll ihrer Arbeit nachgegangen sind und sowieso keine Chance hatten, in die Finanzpolitik des Hauses eigenmächtig einzugreifen. Nun also 60 Millionen minus.... und da die Urheber leider oder typischerweise nicht mehr greifbar zu machen waren, sollten wir die Folgen tragen. Was die Hilfsorganisation im Einzelnen mit Direktor Kleinert vereinbart hatte, war nicht für unsere Ohren bestimmt.

Auffällig war nur die Zahl der Unternehmensberater und Rechtsanwälte, die sich plötzlich die Klinke in die Hand gaben. Darunter stach besonders Frau Lukas heraus. Während der Belegschaft ein Gehaltsstopp verordnet, die Materialbestellungen drastisch eingeschränkt wurden und wir uns bald wie Hühner in einer Legebatterie fühlen durften, kam Frau Lukas regelmäßig für »Beratungsgespräche« aus Saarbrücken eingeflogen. Bei einem Tagessatz von 1.400 Euro plus Spesen und der hohen Frequenz ihrer Beauftragung konnte davon ausgegangen werden, dass sie eine Schlüsselrolle bei den Sanierungsbemühungen spielte und wir ihr so allerlei Unsinn zu verdanken hatten.

Über eine zuverlässige Quelle erfuhren wir dann rein zufällig – die Welt ist ja so klein –, dass Frau Lukas die klassische Schule der ehemaligen DDR durchlaufen und eine Ausbildung bei der Staatssicherheit genossen hatte. Nach der Wende war sie gezwungen gewesen, ein neues Betätigungsfeld zu finden. So konnte sie ihre Stasi-Erfahrungen in Form von perfider Unternehmensberatung in klingende Münze verwandeln.

Spätestens jetzt wurde die Art und Weise der Fragestellungen klar, die uns in Mitarbeitergesprächen sauer aufstieß. Wir kamen uns regelmäßig vor wie Schwerverbrecher, die von den motivierten Ermittlungsbeamten in die Mangel genommen wurden. Die Fragen wurden immer so platziert, dass man betroffen oder zumindest überrascht war, die Termintreue war unter aller Kanone, Gespräche wurden plötzlich abgesagt oder überraschend angesetzt, um den Personalrat, der oft von besorgten Kolleginnen und Kollegen hinzugerufen wurde, aus dem Weg zu kicken, Verärgerung wurde vorgegaukelt, haltlose Vorwürfe erhoben, gebrüllt und anschließend beschwichtigt, und Schwerbehinderten wurde beim Gespräch die gesetzlich erlaubte Anwesenheit der Schwerbehindertenbeauftragten verweigert, um keine Zeugen zu haben.

Von einem Mitarbeitergespräch konnte in gewissem Sinne keine Rede sein, es handelte sich eher um eine Art »Verhör«. Zuckerbrot und Peitsche sollten uns auf Trab bringen, und das subtile Know-how lieferte eine Ex-Mitarbeiterin der Stasi persönlich im Auftrag der Hilfsorganisation. Das muss man sich mal auf der Zunge zergehen lassen.

Da wir während der »Vernehmung« nicht geschlagen wurden (oder zumindest im Moment noch nicht; vielleicht war das ja für die Zukunft noch geplant) und anschließend nicht in Zellen zurückgeführt werden mussten (was wohl sonst dem Prozedere bei der Staatssicherheit entsprach), waren diese Drohszenarien nur wenig erfolgreich und hatten etwas Surreales. Es war ja klar, dass Bereichsklops Zausel schon allein von seinem Intelligenzniveau her nicht in der Lage war, sich das alles selbst auszudenken. Er war höchstens ein wenig gelehriger Schüler, der versuchte, in seiner Eigenschaft als tumber Büttel umständlich die Vorgaben des Direktors Kleinert zu erfüllen.

In erster Linie wurde viel Porzellan zwischen dem Personal und der Führung zerschlagen, was sich auf die Motivation des Personals negativ auswirkte. Statt konstruktive Zielplanung einzubringen, versuchte Frau Lukas, Subtilität und unterbewusste Beeinflussung in Personalgespräche einfließen zu lassen. Es ging nur darum, zu beschuldigen und uns in eine Bittstellerposition zu manövrieren, uns Schuldgefühle einzureden.

Direktor Kleinert war begeistert von ihren Methoden und ließ kaum eine Gelegenheit aus, sie einzubinden. Selbst die mit einem Workshop verbundenen Weihnachtsfeiern im Wellness-Hotel dienten mit dämlichen Spielchen und Bausteine aufstellen der unterbewussten Steuerung des Personals und sollten reflektierend wirken. Wehe dem, der sich nicht aktiv verhielt. Die Führungskräfte saßen uns hoch konzentriert gegenüber und es war schnell klar, dass sie unsere Reaktionen zu einzelnen Themen schriftlich festhielten. Zweifelsohne gab es jetzt über jeden Angestellten ein Profil. Wie sonst wäre es möglich gewesen, dass Frau Lukas Menschen, die sie nur einmal im Jahr zu Gesicht bekam, problemlos mit dem korrekten Nachnamen ansprechen konnte?

Nicht zum ersten Mal gewannen wir den Eindruck, dass unser Verhalten permanent still und leise dokumentiert wurde. Ein System mit totalitären Zügen, mit Verhaltensweisen und Auswirkungen fernab vom eigenen, nach außen gerne propagierten Selbstverständnis, fernab von den hauseigenen Grundsätzen, die übergreifend weltweit für alle Mitglieder der Hilfsorganisation als bindende Grundlage ihres Handelns gelten. Vor diesem Hintergrund kann nur von einer Schande gesprochen werden angesichts dessen, was da so alles ablief.

Erschwerte Bedingungen oder:
Höhenangst? Dann ab aufs Hochhaus

*Schwerbehinderung ist Firlefanz und ein klarer
Angriff auf die Pläne der Geschäftsleitung.*

Herrn Meiers Befürchtungen bewahrheiteten sich nur allzu
bald, wie die Ereignisse zeigen, die schon kurze Zeit nach
seinem Einzelgespräch mit Bereichsleiter Zausel folgen
sollten. Erschreckenderweise ist es geradezu beispielhaft,
wie die Sanierer mit einem Kollegen, der eine durch das
Versorgungsamt festgestellte Einschränkung umgangssprachlich auch als Schwerbehinderung bezeichnet – auf-
wies, umgesprungen sind, um ihn zum Verlassen des Unternehmens zu »motivieren«.

Zum besseren Verständnis sei hier kurz Herrn Meiers persönliche Vorgeschichte skizziert: Der Kollege ist zu siebzig
Prozent eingeschränkt, was auf eine Gehirnhautentzün-
dung zurückgeht, die er im zarten Alter von drei Jahren

durchleben musste. Bereits damals erwähnte die behandelnde Ärztin gegenüber den besorgten Eltern, dass sich unter Umständen nicht näher definierte Spätfolgen im neurologischen Bereich einstellen könnten. Grundsätzlich war das aber zu diesem Zeitpunkt für alle Beteiligten unwichtig; schließlich hatte der Bub knapp überlebt und machte nach sechswöchigem Krankenhausaufenthalt zwar einen geschwächten, aber gesunden Eindruck. In der Hoffnung, dass der junge Organismus auf seinem weiteren Lebensweg diese Episode wegstecken werde, beließ man es – auch mangels Alternativen – dabei, auf eine sorgenfreie Zukunft zu hoffen. Tatsächlich zeigte sich jedoch schnell, dass das Kind immer wieder zu auffälligen Reaktionen neigte. Schaukeln auf dem Spielplatz zum Beispiel konnte es wenig Sympathie abgewinnen: Die Schaukelbewegungen lösten statt Freude eher Unsicherheit, Schwindelgefühl und Angst aus.

Auch andere Situationen, die dem gesunden Betrachter harmlos erscheinen und gleich noch Erwähnung finden werden, bereiteten dem Buben immer wieder Probleme. Nachdem die Beschwerden auch nach der Pubertät anhielten und sich zu Beginn des zweiten Lebensjahrzehnts signifikant verstärkten, stand nach langwierigen Untersuchungen durch Neurologen, Internisten und Psychiatern die Diagnose: Agoraphobie mit Panikstörung infolge der in jungen Jahren durchlebten Meningitis.

Dieses diffuse Krankheitsbild ist nach heutigen medizinischen Erkenntnissen leider nur in Ansätzen greifbar und über Therapieansätze hinaus bisher nicht final zu heilen. Im Großen und Ganzen muss der Patient damit leben und bekommt Unterstützung in Form von Psychotherapie, die ihm helfen soll, sich mit seiner Einschränkung abzufinden.

Psychopharmaka, die mehr Neben- als helfende Wirkungen zeigen, sind für ihn deshalb keine Option. Für die behandelnden Ärzte gilt er längst als austherapiert.

So weit der kurze Abriss über seine chronische Erkrankung.

Unser Agoraphobiker ist ein geschätzter Kollege, der seit über zwanzig Jahren die ihm übertragenen Pflichten und Aufgaben mit Sorgfalt erledigt und darüber hinaus über eine gehörige Portion Humor verfügt. Kurz, ein zuverlässiger und beliebter Kollege ohne viele Ecken und Kanten. Der Umzug in das neue Gebäude im 6. Stockwerk hat ihm aber zu schaffen gemacht.

Mögen andere die Aussicht durch die großzügigen Glasfronten in den Großraumbüros als atemberaubend schön empfinden, so raubt sie ihm buchstäblich den Atem, ohne dass sich ein schönes Empfinden einstellt: Beim Kollegen Meier sorgt der Blick aus großer Höhe für Schwindel, Übelkeit und Herzrasen.

Herr Meier verfügt aber noch über andere relevante Nachteile, die ihn auf das Radar der Sanierer projiziert haben:

- einen unbefristeten Dienstvertrag mit Bedingungen, die den heutigen Geschäftsführern die Zornesröte ins Gesicht treiben (heute werden die Verträge in der Regel auf sechs Monate begrenzt, um sich einen weitgehenden Handlungsspielraum zu ermöglichen und die betreffende Person klein zu halten)
- ein Gehalt, das als »viel zu hoch« eingestuft wird, obwohl es noch nie erhöht wurde
- eine unpassende Altersstufe –mit knapp über 50 Jahren ist er zu jung, um ihn über das Ab-

stellgleis der Altersteilzeit in die Rente zu
schieben, und zu alt für die Zielplanung der
Sanierer, die junges, studiertes Personal als All-
heilmittel entdeckt haben und Mitarbeiter,
männlich wie weiblich, ab etwa 45 Jahren inof-
fiziell zur Altlast erklärt haben, die es zu besei-
tigen gilt.

- Nicht zuletzt, auch aufgrund seines Status als
Schwerbehinderter, genießt er ein Anrecht auf
35 Tage Jahresurlaub.

Für jeden Sanierer eine albtraumhafte Konstellation, die
nicht ins Konzept passt. Er erfüllt alle Kriterien, die der
Sanierung im Weg stehen. Wie also soll mit solch »unbe-
quemen« Mitarbeitern verfahren werden?

Unter normalen Umständen ist eine Person, die unter
dem Schutz der Schwerbehindertengesetze steht, kaum
kündbar. Aber muss man ihm unbedingt kündigen? Kann
und wird er das nicht selbst erledigen, wenn geeignete Methoden und Mittel zur Anwendung kommen?

Der Kollege wurde mit Bedacht zum Abschuss freigeben.
Subtilität sollte das Handwerk bestimmen, gemäß dem
bewährten Manager-Wahlspruch: »Ist die Unzufriedenheit
erst geschürt, der Mitarbeiter selbst zur Tür sich führt«.

Herr Meier merkte bald, dass etwas aus dem Lot geraten war. Die stete Zufriedenheit mit seinen Leistungen wich
einer diffusen Unzufriedenheit, die seine Vorgesetzten erkennen ließen. Die Grußfrequenz nahm plötzlich ab. Und,
ganz ehrlich, denken Sie, dass ein Vorgesetzter seine Mitarbeiter grüßen muss? Muss er nicht, denn der Arbeitsvertrag, ob gerade abgeschlossen oder Jahrzehnte alt, enthält
nicht den Anspruch auf soziale Kontakte am Arbeitsplatz.

Was nach ethischen Grundsätzen in einer werteorientierten Gemeinschaft als Selbstverständlichkeit wahrgenommen werden sollte, kann bequem durch Verschlagenheit ausgehebelt werden. Das machen sich findige Unternehmensberater und Rechtsanwälte heute in Strategieentwürfen zunutze und präsentieren dem Auftraggeber gerne dieses kleine Instrument, damit der Wind dem Zielobjekt etwas rauer entgegenbläst. Über Wochen und Monate verfehlt diese Taktik ihre Wirkung kaum.

Fast drei Jahre hatte es Herr Meier geschafft, sich am zunehmenden Zorn seiner Vorgesetzten vorbeizumogeln, da wurde ausgerechnet er, obwohl ausreichend qualifiziertes Fachpersonal vorhanden war, auf das Dach über dem 42. Stock eines Hochhauses geschickt, um eine Antenne zu überprüfen – wohlgemerkt als Sachbearbeiter mit einer rein administrativen Tätigkeit, der dort höchstens feststellen konnte, dass die Antenne noch da war. Durch das ständige Bombardement und laufende Maßnahmen gegen seine Person verunsichert, wagte er nicht mehr, diesen Auftrag abzulehnen, um nicht noch weiter ins Fadenkreuz zu geraten.

Der Plan ging auf, Herr Meier geriet bereits bei der Auffahrt im wackeligen Aufzug in Probleme, und auf dem Dach schlugen die Beschwerden in vollem Umfang zu. Er wählte den Rückweg über das sicher erscheinende Treppenhaus und brauchte eine gefühlte Ewigkeit, bis das Erdgeschoss erreicht war. Weil er sich miserabel fühlte, ließ er sich von einem Taxi direkt zum Arzt bringen, der ihn behandelte und für einen längeren Zeitraum aus dem Verkehr zog.

Zwei Tage später erreichte ihn eine Abmahnung seines Arbeitgebers: Er sei plötzlich erkrankt, dafür werde er abgemahnt, so der Tenor des Schreibens.

Derart in die Ecke gedrängt und verärgert über die schmutzige Vorgehensweise seines Arbeitgebers, übergab er den Vorgang einem Rechtsanwalt für Arbeitsrecht, der die Rücknahme der Abmahnung schnell erreichte, da die Begründung jeder rechtlichen Grundlage entbehrte. Auf den nicht unerheblichen Kosten jedoch blieb Herr Meier sitzen.

Es handelt sich in einem solchen Fall bei den Anwaltshonoraren um außergerichtliche Kosten; eine Rechtsgrundlage, um diese Kosten dem Verursacher aufzuerlegen, gibt es nicht. Die allgemeine Argumentation hier ist, dass einer Abmahnung mit einer Gegendarstellung begegnet werden kann, die in der Personalakte mit abgelegt wird, es also nicht nötig ist, sich dazu juristischen Beistand zu holen. In der Praxis jedoch gibt es mehrere Nachteile: Größere Unternehmen verschicken Abmahnungen über die eigene Rechtsabteilung, dem abgemahnten Angestellten steht ein ausgebildeter Jurist gegenüber. Es ist allgemein unklug, ohne erweiterte juristische Kenntnisse gegen einen erfahrenen Rechtsanwalt anzutreten. Die Fallstricke sind vielfältig, und eine erhebliche Benachteiligung des Angestellten ist anzunehmen. Es entspräche einem ungleichen Kampf. Darüber hinaus muss es das vorrangige Ziel sein, die Rücknahme der Abmahnung zu erwirken und sie aus der Personalakte zu entfernen. Denn bereits zwei Abmahnungen können als Grundlage für eine betriebsbedingte Kündigung gelten.

Eine Gegendarstellung kann von einer Person, die etwa mit der Erstellung eines Zeugnisses Jahre später betraut ist, völlig anders bewertet werden – wenn es dumm läuft zum Nachteil des Angestellten. Außerdem bedeutet jede platzierte Abmahnung einen Schritt zum Arbeitsplatzverlust, sollte der Arbeitgeber dieses Ziel – aus welchem Grund auch immer, berechtigt oder nicht – verfolgen. Außer der Blamage, eine ungeschickte Abmahnung auf den Weg gebracht zu haben, bleibt ihm zumindest die Befriedigung, dass der Mitarbeiter auf den Kosten sitzen blieb.

Im weiteren Verlauf der strategisch herbeigeführten Auseinandersetzung zog es die Hilfsorganisation vor, toter Mann zu spielen. Herrn Meiers Versuche, mit dem Arbeitgeber in Kontakt zu treten, um die verfahrene Situation zu bereinigen, scheiterten mehrfach an dessen Haltung. Rief Herr Meier an, wurde er zwar an die entsprechende Nebenstelle weiterverbunden, dann aber wurde rigoros die Leitung unterbrochen. Schreiben von ihm, seinem Anwalt und dem Integrationsamt, das inzwischen zur Klärung der Situation eingeschaltet worden war, blieben unbeantwortet. Sein Antrag auf Wiedereingliederung fand analog keine Beachtung. Zu erwähnen ist noch eine weitere Eskalationsstufe in Form eines Schreibens an Herrn Meier, in dem die Hilfsorganisation ihm einen Termin setzte, bis zu dem er die Erwerbsminderungsrente einzureichen habe.

Kein Arbeitgeber ist dazu berechtigt, ein derartiges Ansinnen an einen Mitarbeiter zu richten; es handelt sich lediglich um die verschlüsselte Nachricht: »Dich wollen wir hier nicht …« Während sein Fachanwalt für Arbeitsrecht nur ein Schulterzucken übrig hatte und keine Möglichkeit mehr sah, auf diese einfache, aber verschlagene Taktik adäquat zu reagieren, entschloss sich Herr Meier, nach Ablauf seiner Krankschreibung wieder seinen Arbeitsplatz aufzusuchen und sich der dort herrschenden Situation aufs Neue zu stellen.

Sein Auftauchen am Arbeitsplatz verlief wie immer wort- und grußlos. Anschließend nahm er seinen Mut zusammen und bat um ein positives Signal in Form eines finanziellen Ausgleichs für seine Auslagen.

Bezeichnenderweise erwies sich die Geschäftsleitung als schlechter Verlierer und lehnte sein – zumindest menschlich gesehen berechtigtes – Anliegen schroff ab. Ein weiterer Anhaltspunkt für die Absicht, die der Aktion zugrunde lag.

Schwerbehinderte an ihrem empfindlichsten Punkt, nämlich ihre Schwerbehinderung, anzugreifen entspricht einem Vorgehen, das in einer vermeintlich zivilisierten Gesellschaft als besonders widerwärtig anzusehen ist. Herr Meier kam sich vor wie in einem Albtraum und begriff nur schwer, dass sein Arbeitgeber, eine große und hoch angesehene Hilfsorganisation, der Urheber all dessen war.

Bleibt noch anzumerken, dass ein Antrag auf Wiedereingliederung den Arbeitgeber zu nichts verpflichtet. Es handelt sich dabei um einen Vorgang, der auf Freiwilligkeit basiert.

Ein entzückendes Mitarbeitergespräch
oder: Bin ich schon weg?

Wittert das Kapital hundert Prozent Gewinn,
geht's mit Ethik und Moral dahin.

Herr Meier hatte sich von dem Schock der Abmahnung gerade erholt, da bestellte ihn der Bereichsklops Zausel zum Mitarbeitergespräch. Ein schlechtes Omen, denn das jährliche Mitarbeitergespräch hatte erst wenige Wochen zuvor stattgefunden.

Nichts Gutes ahnend, wollte er sein Recht in Anspruch nehmen und sich von dem Schwerbehindertenbeauftragten begleiten lassen. Der Personalratsvorsitzende schloss sich aus Interesse und vor dem Hintergrund der bemerkenswerten Vorgeschichte ebenfalls an.

Herr Meier hatte seine Begleitpersonen pflichtgemäß per Mail angekündigt, aber keine Antwort erhalten. Deshalb konnte er von einem stillschweigenden Einverständnis ausgehen. Er fühlte sich gut aufgestellt. Beim Betreten des

Büros jedoch zeigte Bereichsklops Zausel wieder seine typische Kampfhaltung und blaffte seine Besucher an: »Meier, Sie setzen sich auf den Stuhl dort in der Ecke und der Rest der Truppe verschwindet. Ich dulde keine Beisitzer in einem Mitarbeitergespräch.«

Ungläubig sahen sich die Schwerbehindertenvertretung und der Personalratsvorsitzende an und die Unsicherheit, die sie ausstrahlten, war deutlich spürbar. Während die Schwerbehindertenvertretung sich mit erschrockenem Blick sofort anschickte, den Raum wortlos zu verlassen, begann der Personalratsvorsitzende kaum hörbar zu argumentieren, dass nach Paragraf sowieso … Aber weiter kam er nicht.

»Verschonen Sie mich mit diesem Sermon und schauen Sie, dass Sie hier rauskommen, sonst werde ich ungemütlich«, schrie ihn ein krebsroter Zausel an. Derart abgekanzelt und offensichtlich zu keiner Gegenwehr fähig, verließ auch der Personalratsvorsitzende das Büro. Statt wenigstens den Gesprächstermin in seiner Gesamtheit abzubrechen und damit Herrn Meier aus der Schusslinie zu nehmen, trollte er sich wie ein begossener Pudel und ließ seinen Schützling schmählich im Stich.

Jetzt begann der große Auftritt des Bereichsklopses Zausel, der seinen Sieg über die Schwerbehindertenvertretung und den Personalratsvorsitzenden sichtlich genoss. »Meier, mit zwei, drei Abmahnungen habe ich Sie hier draußen, darauf können Sie sich verlassen.«

Herr Meier fragte: »Warum wollen Sie mich denn aus der Firma haben? Was habe ich falsch gemacht?«

»Das muss ich Ihnen nicht sagen. Ich höre nur Schlechtes über Sie.«

»Von wem?«

»Das geht Sie nichts an. Sie arbeiten schlecht«.

»Bitte konkretisieren Sie die Vorwürfe.«

»Das muss ich nicht«.

»Fachlich gab es weder von Ihnen noch von meinem Teamleiter je Kritik. Ihre Vorhaltungen sind nicht nachvollziehbar«.

Zausel, eher der Typ des rhetorischen Tieffliegers, wechselte die Taktik und senkte die Lautstärke: »Sehen Sie mal, Meier, Sie passen hier nicht mehr rein. Das Beste wäre, Sie kündigen«.

»Kündigen? Warum sollte ich das tun?«

»Damit Sie den Betrieb hier nicht mehr stören«.

»Wie störe ich den Betriebsablauf? Ich bin über zwanzig Jahre dabei und es gab nie Kritik, meine Bewertungen sind immer gut gewesen und ich habe meinen Arbeitsstil nicht geändert.«

Zausel lief wieder rot an. »Widersprechen Sie nicht, ich erwarte Ihre Kündigung bis spätestens übermorgen; das Gespräch ist beendet.« Dann begann er zu lächeln: »Und Ihre Begleitpersonen lassen Sie das nächste Mal schön, wo sie sind.«

Herr Meier stand auf und verließ das Büro des Bereichsklopses. Zumindest waren nun die Fronten geklärt und Herr Meier konnte sich sicher sein, dass nicht seine Fachkompetenz oder sein Verhalten den Ausschlag gegeben hatte, sondern der Sanierungsdruck, der sich auf die älteren Mitarbeiter richtete.

Das erklärte immerhin viele Ungereimtheiten, die sich in den letzten Monaten für ihn aufgetan hatten, und entlastete ihn vor sich selbst. Allerdings stellte dieses Mitarbeitergespräch aufgrund seiner Güte einen Marker für die Zukunft dar.

Der künftige Weg in diesem Unternehmen dürfte für ihn steinig werden, denn hier waren die Weichen neu gestellt worden. Bereichsklops Zausels Wut war ein klarer Indikator dafür, dass Herrn Meier von Seiten der Geschäftsleitung mit originären Methoden nicht beizukommen war und die Zermürbungstaktik ihren Fortgang finden würde.

Seine lange Betriebszugehörigkeit, der unbefristete Vertrag und der Schwerbehindertenstatus machten es seinem Arbeitgeber zumindest schwerer, ihn so ohne Weiteres auszusortieren. Der Tatbestand des Bossings war längst erfüllt, aber ohne Zeugen nicht beweisbar und konnte daher kaum ins Feld geführt werden. Der feige Personalrat hatte sich im Vorfeld verpisst und war in Deckung gegangen.

Meier ballte die Fäuste in den Taschen, konnte aber nichts Konkretes ausrichten. Neue Angriffe sollten deshalb bald folgen.

Der fünfzigste Geburtstag oder:
Herzlichen Glückwunsch!

Wir bezahlen – damit du dich ärgerst …

Es gibt viele Möglichkeiten, seinen fünfzigsten Geburtstag zu planen. Sie können ihn feiern, nicht feiern, Freunde einladen, sich endlich mit der ungeliebten Verwandtschaft überwerfen, alleine ans Meer fahren und die Wellen beobachten oder sich dem Alkohol ergeben. Das ist jedem selbst überlassen – aber nicht immer, vor allem dann nicht, wenn der Arbeitgeber dieses Jubiläum vorsätzlich sabotiert. Gibt es nicht? – Gibt es doch! Und zwar im wirklichen Leben von Herrn Meier, dessen Arbeitgeber – bei dem er, wie in den letzten Kapiteln beschrieben, auf der Abschussliste stand – sich selbst für eine solche Aktion nicht zu schade war.

Herr Meier freute sich diesmal besonders auf seinen Geburtstag, denn der Fünfzigste stand an. Das ist schon eine

Jahreszahl, an der man beginnen kann zurückzublicken, auf das Erreichte, das nicht Erreichte und das unerreicht Bleibende. Runde Geburtstage haben ihren besonderen Reiz. Das Kind wird zum Teen, der Teen zum Twen, die Zwanziger neigen mit dreißig langsam zur Sesshaftigkeit … Es sind Eckpunkte unseres Lebens, die es sich lohnt zu feiern. Mit seinen Liebsten am allerliebsten.

Herr Meier nahm für diesen besonderen Tag bereits Monate zuvor Urlaub, erstellte sorgsam die Gästeliste, mietete für den Abend ein Lokal an (eine Reggae-Band sollte für die musikalische Untermalung sorgen), kümmerte sich um den Speiseplan, den Ablauf, die Sitzordnung. Verwandte, Freunde, Bekannte, alle sagten zu und am Ende konnte er davon ausgehen, dass sich am Tag der Tage gut 65 Personen zu einer rauschenden Party einfinden würden. Da wurde vier Tage vorher sein Urlaub von der Bereichsleitung gecancelt, völlig überraschend.

»Sie werden gebraucht, eine dringende Schulung steht an, Ihre Teilnahme daran ist unverzichtbar und nicht aufzuschieben«, so der Bereichsklops Zausel in einem kurzen Gespräch. Herr Meier hielt das für ein Missverständnis – hatte er doch bisher nie eine Schulung erhalten – und versuchte zu argumentieren, erklärte, dass er diesen Termin fest für seine Geburtstagsfeier eingeplant hatte, die Einladungen seien schon raus und bestätigt, das Lokal gebucht und angezahlt, die Musiker ebenso, und letzten Endes hatte der Arbeitgeber dem Urlaubsantrag längst zugestimmt. Mit dunkler Miene schob sein Vorgesetzter Herrn Meiers Bedenken vom Tisch: »Dann feiern Sie eben ein anderes Mal, die Schulung ist wichtiger, der Urlaubstag ist gestrichen.« Ende der Durchsage. Die Firmenleitung hatte sich alle Mühe gegeben, Herrn Meiers Pläne zu durchkreuzen. Herr

Meier musste sich der Anweisung fügen und wurde für zwei Tage ins hessische Bad Orb verbannt, vierhundert Kilometer von seinem Heimatort München entfernt, um eine Schulung über Schließsysteme über sich ergehen zu lassen, die in keiner Weise etwas mit seiner Arbeit zu tun hatte. Genauso gut könnte man einen Kfz-Mechatroniker zum Krapfen-Back-Seminar der Bäckerinnung schicken.

Den Geburtstag begoss Herr Meier alleine in einem schäbigen Hotelzimmer mit einer Flasche Bier, die genauso kalt gestellt worden war wie er. Müßig zu erwähnen, dass die Rückabwicklung der Geburtstagsorganisation ihn außer viel Geld noch die Irritation so mancher geladenen und wieder ausgeladenen Gastes einbrachte.

Sein Arbeitgeber hatte ganze Arbeit geleistet. Über die Schulung wurde übrigens nie wieder ein Wort verloren und in die Arbeit von Herrn Meier fand sie keinen Eingang. Wie auch? Wozu der Arbeitgeber sie bezahlte, konnte er nur vermuten: Einer weiteren Zerrüttung des Arbeitsverhältnisses Vorschub zu leisten und den Mitarbeiter zu provozieren. Ein Etappensieg für den geschickten Sanierer.

Das Schicksal spielt mit oder: Die Beerdigung (eines Vertrauensverhältnisses)

Der Totengräber an deinem Arbeitsplatz.

Die Dekade eines Arbeitslebens umfasst leider auch traurige Momente, die sich kaum ausblenden lassen, wenn der Dienst angetreten wird, zum Beispiel wenn enge Angehörige erkranken, pflegebedürftig werden oder gar versterben. Privat- und Arbeitsleben sind insofern nahezu untrennbar miteinander verwoben und selbst die besten Vorsätze, diese Lebensbereiche voneinander abzutrennen, geraten dann schnell zur Makulatur, wenn das Schicksal Schicksal spielt.

Im Fall des Todes engster Angehöriger sieht unsere Organisation zwei Tage Sonderurlaub vor, um alle Behördenwege und die Beerdigung zu organisieren und durchzuführen. Darüber hinaus gestellte Urlaubsanträge werden wohlwollend und ohne großes Brimborium genehmigt. In diesem Fall umfasst das unternehmenseigene Leitbild im Sinne von gelebter Ethik verschiedene Möglichkeiten, den betroffenen Angestellten die Ausnahmesituation in dieser schweren Zeit zumindest angenehmer zu gestalten: Ausnahmen zur Gleitzeitregelung, die flexibel und maßgeschneidert zur Anwendung kommen, Vorgesetzte, die beide Augen zudrücken, solange die Arbeitsleistung noch annähernd erbracht wird, damit etwa Fehlstunden, die unter der Woche entstanden sind, am Samstag oder bei täglicher Mehrarbeitszeit bequem nachgeholt werden können. Die plötzliche Abwesenheit untertags ohne vorherige Beantragung wird im Notfall akzeptiert. Das spätere Nachholen der Arbeit unter ehrlicher Angabe der Fehlstunden ist aber Pflicht und ein wichtiger Bestandteil des Agreements. Man vertraut einander schließlich.

Der Arbeitgeber setzt hier ein klares Zeichen:

Wenn es euch schlecht geht, stehen wir so gut es geht zur Seite und zusammen kommen wir durch das Tal.

Dies finde ich vorbildlich, denn der Arbeitgeber zieht mit dem Mitarbeiter am gleichen Strang und zeigt Verständnis für Situationen, die kein Mensch mehr wirklich planbar in der Hand hat. Wie viel leichter macht das diese sorgenvollen Momente. Dies alles ist zurückzuführen auf eine mündliche Vereinbarung mit der Geschäftsleitung, die allerdings bereits vor vielen Jahren eingeführt worden ist und nirgends auf einem Platt Papier steht. Und sich schon gar nicht im Qualitätsmanagement wiederfindet, das von den Sanierern eingeführt worden ist.

Vor einigen Jahren erwischte es Herrn Meier, dessen Mutter an Demenz erkrankte und im Laufe der Jahre zunehmend auf Hilfe angewiesen war. Anfangs noch harmlose Aktionen wie gelegentliche Anrufe an seinem Arbeitsplatz mit den immer gleichen Dialogen, die eine deutlich beschleunigte Vergesslichkeit erkennen ließen, entwickelten sich dem Krankheitsbild nach zunehmend bedrohlicher.

Und es kam, wie es kommen musste: Herr Meier war immer wieder gezwungen, seinen Arbeitsplatz plötzlich und überstürzt zu verlassen. Dabei verhütete er zweimal einen Wohnungsbrand, weil seine Mutter die Herdplatte mit der Fettpfanne darauf angeschaltet ließ und die Tapete schon kokelte. Er sammelte sie in den Geschäften ihrer Umgebung ein, weil sie zwar dorthin fand, aber nicht mehr nach Hause, befreite die Hausärztin immer wieder von der Anwesenheit seiner Mutter im Wartezimmer –die Sprechstundenhilfe kannte seine Telefonnummer bald auswendig –, weil sie sich aus unbekannten Gründen weigerte, es zu verlassen, und pflückte sie regelmäßig von der Kreuzung vor seiner Haustür, wo sie je nach Tagesform versuchte, mit dem Gehstock den Verkehr zu regeln.

Als sie Tag und Nacht nicht mehr unterschied und damit die Phase erreichte, in der sie vierundzwanzig Stunden durchgehend Schutz und Pflege benötigte, blieb mangels anderer hilfswilliger Angehöriger und Alternativen nur noch der Weg in ein Pflegeheim. Herr Meier dankte seinem Arbeitgeber für die Mithilfe, die es ihm ermöglichte, in dieser schweren Zeit seine Mutter zu betreuen, so gut es eben ging.

Jedoch hatte zu diesem Zeitpunkt schon die Sanierung in seiner Abteilung eingeschlagen und sein Dank wurde von den neuen Führungskräften lediglich irritiert zur Kenntnis genommen.

Herr Meier verpisst sich während der Arbeitszeit? Stellt die dafür vorgesehenen Anträge erst hinterher? Der will uns wohl verarschen. Und überhaupt: Was kümmert uns seine ausgetickte Mutter?

Arbeitszeit ist einzuhalten, der Rest interessiert nicht, ist seine Privatsache. Die Bereichsleitung beschloss, ihn in Zukunft ganz genau zu beobachten.

Und es ließ nicht lange auf sich warten, dass aus dem Pflegeheim die ersten Alarmmeldungen unseren gebeutelten Meier erreichten.

»Hallo, Herr Meier, hier Pflegeheim Immergrün. Ihre Mutter ist hingefallen und kann nicht mehr aufstehen, vermutlich Hüfte gebrochen. Sie ist gerade vom Rettungswagen abgeholt worden, vielleicht schauen Sie mal ins Krankenhaus, was da los ist. Auf Wiederhören und einen schönen Tag noch«.

An dieser Stelle muss Erwähnung finden, dass Herrn Meiers Mutter zu diesem Zeitpunkt ein Stadium der Demenz erreicht hatte, in dem es ihr kaum noch möglich war, sich zu verständigen.

Ihre Artikulationsversuche endeten bei dem Bestreben, einzelne Wörter zu bilden, meistens im Nichts.

Jedenfalls war sie nicht mehr in der Lage, sich mit wem auch immer vor allem in der deutschen Sprache ausreichend zu verständigen. Sie fiel jeden Tag weiter zurück in die Tage ihrer Kindheit, die sie wohlbehütet und glücklich in einer beschaulichen Kleinstadt im pittoresken und hügeligen Weinanbaugebiet in der Steiermark im Dreiländereck Österreich, Ungarn, Slowenien zubrachte, an dem man an besonders klaren Tagen den Plattensee von den Höhenzügen der romantisch gelegenen Weinberge aus sehen kann.

Zweisprachig aufgewachsen, vergaß sie täglich mehr die Sprache, die sie zeit ihres Lebens gesprochen hatte, nämlich Deutsch, während sich das Slowenische erstaunlicherweise zunehmend in ihrem geschädigten Gehirn manifestierte. Kurz, während ihr deutscher Wortschatz nur noch ein knappes und mühevoll geformtes »Ja« oder »Nein« hervorbrachte, das oft in keinem logischen Zusammenhang mehr zu der vorangegangenen Frage stand, war sie immerhin noch in der Lage, gebrochene Sätze auf Slowenisch zu sprechen, die hin und wieder noch einen Sinn ergaben und Herrn Meier ermöglichten, ihre Gefühlslage, Hunger, Durst oder Schmerzen, wenigstens zu erahnen.

Aber wer versteht schon diese slawische Sprache, die heute gerade einmal von nur knapp zwei Millionen Menschen in diesem kleinen Land auf der anderen Seite der Alpen gesprochen wird? Niemand im Pflegeheim, niemand im Krankenhaus. Sich dessen bewusst, bedeutete der Anruf des Pflegeheims für Herrn Meier, dass seine Anwesenheit im Krankenhaus sofort und unabdingbar war. Es bedeutete für ihn Alarm von jetzt auf gleich.

Wie gewohnt meldete er sich bei der Sekretärin seines Vorgesetzten ab, die längst in alles eingeweiht war, seine Abwesenheit wie gewohnt vermerkte und weitermeldete. Herr Meier fuhr rasch ins Krankenhaus und fand seine Mutter nach kurzer Suche in der chirurgischen Notaufnahme, auf einer Transportliege in einem dünnen Nachthemd, frierend und mit voller Windel vor.

»Wissen Sie, was mit der Ausländerin ist?«, fragte eine Krankenschwester im Vorbeigehen. »Wir können sie nicht verstehen.« Herr Meier erklärte ihr, dass es sich nicht um eine Ausländerin handelte, sondern um eine deutsche Staatsbürgerin, die ihre Muttersprache aufgrund der fortgeschrittenen Demenz vergessen hatte.

Diese einfache Erklärung reichte aus, um eine warme Decke, eine frische Windel und das Verständnis der Krankenschwester zu erlangen. Nach eingehenden Untersuchungen wurden ein Hüftbruch und ein Handgelenksbruch diagnostiziert, die Mutter verblieb zur weiteren Behandlung und OP in der Klinik. Eine kroatische Krankenschwester – das Kroatische ähnelt in den Grundzügen dem Slowenischen – erklärte sich bereit, so gut es ihr eben möglich war, zu übersetzen und so war Herrn Meiers Mutti fürs Erste versorgt. Er erledigte den Papierkram in der Aufnahme, half beim Röntgen die Mutter bewegungsarm zu halten und besprach mit der Stationsleitung die Problematik der Patientin, die meist kognitiv nicht mehr in der Lage war, den Anweisungen des Klinikpersonals Folge zu leisten. Ohne Meier wäre die Aufnahme in die Klinik für alle Beteiligten mit Sicherheit zäher und komplizierter verlaufen. So weit schien alles klar und die Alarmstimmung wich langsam wieder.

Erleichtert machte sich Herr Meier nach vier Stunden in der Klinik auf den Weg zurück zu seinem Arbeitsplatz. Bereits nach wenigen Minuten seiner Anwesenheit im Büro – Blutdruck und Kreislauf begannen sich im normalen Modus einzupendeln – überbrachte ihm die Sekretärin seines direkten Vorgesetzten mit düsterer Miene eine Einladung zum sofortigen Gespräch beim Bereichsleiter.

Und hier drehte sich der Wind. »Sie haben Ihren Arbeitsplatz ohne Erlaubnis verlassen«, knurrte ein siegessicherer Zausel. »Dafür werden Sie abgemahnt und beim nächsten Mal sind Sie draußen«. Während Herr Meier sich auf einen Notfall berief, ließ Herr Zausel diesen Einwand nicht gelten. »Ihre Mutter ist in der Klinik und versorgt, die Arbeit ist wichtiger.«

Dies ließ Herrn Meier richtig zornig werden und er argumentierte hartnäckig, dass bei dem Gesundheitszustand seiner Mutter ohne ihn gar nichts mehr gehe und seine wenigen Abwesenheiten in den letzten zwei Jahren aufgrund der besonderen Umstände immer toleriert worden seien. Die Arbeitsleistung leide darunter nicht, die Herren Vorgesetzten X und Y könnten das bestätigen.

Bereichsleiter Zausel kamen wohl die ersten Bedenken, als Vertreter einer Hilfsorganisation die aktive Hilfe seiner Angestellten bei Patienten zu torpedieren, was aufgrund des Unternehmensstatus einen faden Beigeschmack hinterlassen könnte. Schließlich war »Menschen, die helfen …« einer der Wahlsprüche aus dem offiziellen Selbstverständnis dieser Organisation.

Deshalb endete das Gespräch in einer Art Unentschieden: Einerseits ließ sich niemand nach so einer extremen Situation wie der im Krankenhaus gerne dumm anreden – Herr Meier war entsprechend empört über diese »Einbremsung« –, während andererseits Bereichsleiter Zausel einen »Reibungspunkt« aufgetan hatte, der sich vielversprechend anließ.

Bereichsleiter Zausel war sich durchaus bewusst, dass er hier einen Schwachpunkt gefunden hatte, an dem sich weitere Angriffe lohnen könnten, um Herrn Meier von seinem Arbeitsplatz zu vertreiben. Aber dazu kam es nicht mehr, weil Herrn Meiers Mutter plötzlich verstarb.

Sofort als Herr Meier Sonderurlaub für die Beerdigung und deren Formalitäten einreichte, versuchte Bereichsleiter Zausel unumwunden, ihm die zwei Tage zu entziehen und den Antrag für die weiter eingereichten »normalen« Urlaubstage abzuschmettern. Meiers – kaum noch vorhandenen – Arbeit wurde flugs der Überbegriff »Sonderprojekt« ohne wirkliche Not übergestülpt.

»Projekte sind wichtiger als Behördengänge und Beerdigungen«, so Bereichsleiter Zausel. Diese Wege könnten auch von Verwandten erledigt werden, musste sich Herr

Meier anhören, er könne ja seine tote Mutter am Wochenende in seiner Freizeit auf dem Friedhof besuchen, so ein hämisch grinsender Zausel.

Herrn Meier überkam nicht zum ersten Mal das Gefühl, dem Kollegen Zausel am liebsten die gestreckte Faust in dessen widerwärtige Leberkäsvisage semmeln zu wollen. Aber bloß keine Gewalt bei firmeninternen Provokationen! Leichter kommt niemand in den Genuss einer fristlosen Kündigung, und genau darauf zielte der dicke Zausel ab.

Meiers weitere Anträge ignorierte Zausel mit der ihm eigenen Verschlagenheit. Fragen zu diesem Thema beantwortete er nicht. Derart unter Druck gesetzt, zog Meier das Ding einfach durch und begab sich ohne offizielle Erlaubnis seines Arbeitgebers zu der Beerdigung seiner eigenen Mutter, ohne Rücksicht auf Verluste. Es geschah auch nichts weiter; einige Tage nach der Beerdigung bekam er die Bewilligung für diese zwei Tage wortlos in die Hand gedrückt. Eine derartige Provokation und Vorgehensweise lässt sich nur mit dem Wort »perfide« beschreiben. So einfach lässt sich Druck auf Personal aufbauen. Ein Spiel aus Drohungen, Gesten und Verzögerungen.

Und wie das Schicksal so spielt, verstarb wenig später Meiers Schwiegermutter.

Beerdigungen in der Bundesrepublik Deutschland werden in der Regel innerhalb von fünf Tagen angesetzt. Ein langer Vorlauf zur Urlaubsplanung ist also nicht gegeben. Herr Meier reichte sofort nach der Kenntnisnahme des Todesfalls drei Stunden Gleitzeitabbau ein – und bekam keine Antwort. Nachfragen blieben ebenso unbeantwortet.

Bis zum Tag der Beerdigung, als zehn Minuten vor Beginn der Trauerzeremonie sein E-Mail-Postfach mit hellem Klingelton Bereichsleiter Zausels Genehmigung für diese

Abwesenheit meldete. Müßig zu erwähnen, dass Herr Meier es gar nicht mehr schaffen konnte, die Beerdigungsfeierlichkeiten noch rechtzeitig zu erreichen. Ihm blieb nichts weiter übrig, als die Fäuste in den Taschen zu ballen und den Arbeitstag normal fortzusetzen, denn bei diesem Verwandtschaftsgrad konnte er nicht auf eine Zustimmung seines Arbeitgebers bestehen.

Bereichsleiter Zausel zeigte immer häufiger seinen miesen Charakter und immer offener sein Ziel, Herrn Meier durch gezielte Provokationen zu vertreiben.

Spätestens ab diesem Zeitpunkt gab es für Herrn Meier kein Vertrauensverhältnis mehr zur Bereichs- und Geschäftsleitung.

Bleibt noch zu erwähnen, dass ihm die Familie seine Abwesenheit bei dieser Beerdigung übel nahm. Die Geschichte mit der Verhinderung glaubte ihm niemand. Schließlich, so der allgemeine Tenor, sei es unvorstellbar, dass ein Termin dieser Qualität abgelehnt oder ausgesessen würde. So gemein könne doch schließlich kein Chef auf dieser Welt sein, und schon gar nicht in dieser Hilfsorganisation.

Die »taktische Verhinderung« in beiden Fällen erzielte durchaus die gewünschte Wirkung. So lässt sich auch der loyalste Mitarbeiter verärgern und aus der Spur bringen.

Und was ist bitteschön Provokation, wenn der Chef sich notfalls auf das Weisungs- und Direktionsrecht beruft? Da steht Aussage gegen Aussage, der schlechte Nachgeschmack bleibt immer am Mitarbeiter haften. Verboten ist das alles keineswegs. Erlaubt zwar auch nicht unbedingt, aber wer möchte hier die Grenze ziehen? Oder wer ist in der Lage, dies zu tun? Wie lassen sich die Konsequenzen dieser Verzögerungstaktik verhindern? In diesem Fall gar nicht, weil die nächste Führungsebene den Ball zurückspielen würde.

Herr Meier wäre dann wieder der Dumme gewesen.

Die Parallelstruktur oder: Deine Arbeit gehört jetzt mir!

Höfliche Kollegen helfen dir gerne
aus dem Unternehmen …

In der Tat dauerte es nicht lange, bis eines Tages Klopsi Zausel mit einem guten alten Bekannten aus dem Verband am Arbeitsplatz von Herrn Meier auftauchte. »Herr Meier, den Kollegen Zenger kennen Sie bereits. Er ist künftig für den Digitalfunk zuständig und Sie gehen ihm zur Hand. Er ist Ihnen vorgesetzt.« Herr Meier kriegte den Mund nicht mehr zu. Ausgerechnet der Zenger, im Haus als Chaot bekannt und gefürchtet.

Glänzen tat er hauptsächlich durch autistische Aktionen und seine Unfähigkeit zur Teamarbeit. Ein von sich überzeugter Selbstdarsteller, der immer wieder aneckte, bis er vor lauter Baustellen den Faden verlor und sich ein neues Betätigungsfeld suchte. Sein ehrenamtliches Engagement half ihm dabei, ständig nach oben gespült zu werden. Und fachlich hatte er vom Behördenfunk ebenso wenig Ahnung wie eine Kuh vom Eierlegen.

Schon vor längerer Zeit hatte man ihn weitergelobt und er schulte seitdem ehrenamtlich Interessierte in diesem und jenem. Die Kollegen im Nebenbüro, wo er vorher untergebracht war, waren erleichtert und machten ein Fass auf, um seinen Auszug aus ihrem Büro zu begießen. Kein Schreibblock, auf den er nicht seine Initialen kritzelte, Stuhl, Schreibtisch, PC, Kugelschreiber, alles wurde gekennzeichnet. Darüber hinaus verfügte er über einen ausgeprägten Expansionsdrang gepaart mit wenig Ordnungssinn und breitete seinen Kram gerne über sämtliche Schreibtische in seiner Nähe aus, ohne dabei Rücksicht auf seine Kollegen zu nehmen.

Hier mehrere Stromkabel, dort zwei Rollen Telefondraht, gefühlte fünf Kilo USB-Verbindungskabel, Speicherkarten, externe Festplatten, Platinen, Kartons, Verpackungsmaterial – alle wunderten sich, woher er den ganzen Mist in dieser Größenordnung bezog und was er damit wollte. Es kam ob seiner Uneinsichtigkeit immer wieder zum Streit, was meist dazu führte, dass er kurzfristig eine oberflächliche Aufräumaktion simulierte, um am nächsten Tag wieder eine neue Baustelle aufzumachen. Das Chaos begann von vorn. Er war einfach ein anstrengender Kollege.

Und Herr Meier mit seiner langjährigen Erfahrung sollte ihm nun wie ein Lehrling »zur Hand gehen«, sogar mit Weisungsbefugnissen war er ausgestattet worden. Nun, das konnte heiter werden, eine annähernd unerträgliche Situation bahnte sich an. Ein neuer strategischer Schachzug der Geschäftsleitung. Die nächste Runde im Kampf um Meiers Arbeitsplatz wurde damit eingeläutet. Um nichts anbrennen zu lassen, sorgte Bereichsvollpfosten Zausel dafür, dass sämtliche Schulungen künftig vom Kollegen Zenger wahrgenommen wurden und Herr Meier diesbezüglich leer ausging. Der konnte zwar auf einen enormen Erfahrungsschatz zurückgreifen, aber durch die Einführung eines neuen Funksystems wurden die Karten neu gemischt und gerade hinsichtlich der Grundstrukturen erforderte dieses digitale Funksystem umfangreiche Fortbildungsmaßnahmen, ohne die man schnell den Anschluss verlieren konnte. Der Geheimschutz, dem dieser Funk unterliegt, hatte für Herrn Meier den unangenehmen Nebeneffekt, dass er sich nicht auf eigene Faust tiefergehende Kenntnisse aneignen konnte. Die auf dem Markt vorhandene Lektüre hatte einfach zu wenig Tiefgang, während professionelles Wissen nur vom Hersteller angeboten wurde. Die entsprechenden Schulungstermine aber wurden vom Bereichsleiter verwaltet und an ausgewählte Mitarbeiter vergeben.

Kollege Zenger ging mit großem Elan an die Sache heran und erarbeitete sich den Wissensvorsprung, den der Bereichsklops beabsichtigt hatte. Währenddessen füllte sich unser Büro mit Kisten, Päckchen, Kabeln, Werkzeug, Obststeigen, Blumenkübeln und allem nur erdenklichen Krimskrams. Der laute Schmerzensschrei eines Kollegen machte uns eines Morgens darauf aufmerksam, dass sich seit diesem Tag direkt unter seinem Schreibtisch plötzlich eine Autobatterie befand, an der er sich den Fuß gestoßen hatte.

Die oben beschriebene Situation wiederholte sich jetzt erwartungsgemäß in unserem Büro und die Auseinandersetzungen mit diversen Kollegen ebenso.

Eine interessante Eigenschaft ließ sich dem Kollegen Zenger aber nicht absprechen: Niemand konnte sich erklären, warum er in der Lage war, wie ein Weltmeister Ware einzukaufen; schließlich unterlagen wir durch die Sanierung mit ihrem Einsparungsgedanken enormen finanziellen Einschränkungen. Selbst die Bestellung eines Radiergummis setzte eine ausreichende Begründung voraus und musste durch die Bereichsleitung genehmigt werden. Ob sinnvoll oder nicht, die Paketlieferanten fanden immer öfter den Weg in unserer Büro, das sich immer mehr in eine Mischung aus Warenlager und Werkstatt verwandelte, zum Zorn der Belegschaft, die in diesem Büro immer weniger Platz hatte und sich durch Programmierstationen, Kabelgewirr, Getute, Geklingele und akustische Rückkopplungen zu Recht sehr gestört fühlte.

Aber Kollege Zenger hatte mit der Begründung »Digitalfunk« *das* Zauberwort gefunden, um alle finanziellen Schleusen für sich zu öffnen, und bekam alles, aber wirklich alles, genehmigt, was er sich vorstellte. Sein Meisterstück vollbrachte er mit dem Kauf einer digitalen Basisstation, einer sogenannten Funkzelle im Wert von circa 60.000 Euro, die niemand wirklich benötigte.

In Zeiten einer betriebswirtschaftlichen Sanierung ein Skandal. Aber Frechheit siegt bekanntlich häufig.

An dieser Stelle soll Erwähnung finden, dass nach einer mehr als fünfzigjährigen Phase des Analogfunks ein neues Funksystem bei den Behörden und Organisationen mit Sicherheitsaufgaben (BOS) Einzug hielt: der sogenannte Digitalfunk. Polizei, Feuerwehr, Rettungsdienst und weitere Organisationen, die hier keiner Benennung bedürfen, sahen sich durch den erweiterten Funktionsumfang neuen Möglichkeiten der Zusammenarbeit und einer wesentlichen Modernisierung der bestehenden Technik ausgesetzt, die erst einmal organisiert werden wollte.

Ebenso standen Schulungen für das Haupt- und ehrenamtliche Personal an, die aufgrund der vielfältigeren Möglichkeiten intensiver als im Analogfunk vermittelt werden mussten. Kollege Zenger entschied sich hier für die teuerste und aufwendigste Lösung, eine Basisstation anzuschaffen und für Schulungszwecke einzusetzen, was in etwa dem Vergleich entspräche, unbedarfte Führerscheinanwärter auf Lamborghini zu schulen. Es funktioniert zwar vom Grundsatz her, stellt aber eine völlig abgehobene und finanziell nicht vertretbare Lösung dar.

Wie immer traf er die Entscheidung allein und ohne die Meinung seiner Teamkollegen oder Vorgesetzten einzuholen. Das Wort *»Digitalfunk«* öffnete ihm alle Türen und zauberte sämtliche Unterschriften der Vorgesetzten widerspruchslos auf die Bestellung. In dieser Größenordnung bedurfte es sogar der Unterschrift des Direktors, der arglos seinen Namen auf das Papier zeichnete, und fast 60.000 Euro wechselten den Besitzer.

Ein sinnvoller Testaufbau bei einer Schulung hätte aus etwa zehn tragbaren Funkgeräten bestehen können, die innerhalb einer Gruppe zueinander Kontakt aufnehmen konnten. Genug, um in einer Art Direktbetrieb einen ersten Eindruck zu bekommen und sich mit der neuen, ungewohnten Technik fürs Erste vertraut zu machen.

Solange kein Funknetz bestand, war das eine praktikable und preisgünstige Lösung, die voll ausgereicht hätte. War der Netzaufbau schließlich vom Netzbetreiber vollendet, konnte sowieso ins Funknetz eingebucht werden, und erst dann machte ein professioneller Einsatz einen Sinn.

Mit der Basisstation eine Leitstelle zu simulieren, die Sendeleistung umständlich und kostenintensiv von fast 30 Watt auf 0,01 Watt (!) zu drosseln und zu diesem frühen

Zeitpunkt mehrere Gruppen und Funktionen zu generieren, war eine völlig abgehobene Idee und überforderte die Schulungsteilnehmer rasch und regelmäßig.

Jetzt kommt der Lamborghini aus der Fahrschule noch mal ins Spiel. 0,01 Watt sind für eine Tetra-Basisstation in etwa, als würde man den Lamborghini auf Tempo dreißig Höchstgeschwindigkeit drosseln. Dieses wunderschöne und enorm leistungsstarke Fahrzeug bewegt sich zwar vorwärts, sein Einsatz macht aber unter dieser Beschränkung keinen Sinn mehr.

Aber Kollege Zenger gefiel sich in seiner Rolle als »Master of Desaster«, denn auch sonst präferierte er Lösungen, die über mindestens fünf Ecken gingen. Etwa mit einer Unzahl von Excel-Tabellen auf verschiedenen Laufwerken zu arbeiten, statt eine vernünftige Tabelle auf einem Laufwerk zu erstellen. Stückwerk und Chaos machte ihm einfach Spaß. Vielleicht genoss er es auch, dass seine Mitmenschen mangels Durchblick schnell das Interesse an seiner Tätigkeit verloren und er damit allein für sich selbst glänzte.

Was wir für umständlichen Quatsch hielten, ließ ihn sich selbst zujubeln. In gewisser Weise war er so der Größte, wenn auch nur bei sich selbst und den Vorgesetzten, die sich so gnadenlos blenden ließen.

Diese Eigenschaften durfte nun unser Herr Meier ausbaden. Und wenn der nicht mehr durchblickte, lief Kollege Zenger schnurstracks zum Bereichsklops Zausel und beschwerte sich über Meiers schlechte Auffassungsgabe. Natürlich tat er das nicht ohne Eigennutz, denn Zausels Schachzug hatte Herrn Meier in eine benachteiligende Konkurrenzsituation gegenüber seinem Kollegen Zenger manövriert. Der wiederum, sich seiner Defizite zumindest teilweise bewusst, ging mit seiner »Herr-Lehrer-ich-weiß-was«-Taktik auf Nummer sicher, um den Meier, der eh schon angeknockt war, als möglichen Konkurrenten aus dem Weg zu räumen, und brauchte nur noch draufzuhauen.

Immer wieder suchte er den Weg in Zausels Büro, um Herrn Meier anzuschwärzen, was der Bereichsklops dankend annahm und die Aufzeichnungen kommentarlos in der Personalakte ablegen ließ. Denn Material gegen den Meier konnte er immer brauchen – wie sonst sollte er einen Schwerbehinderten aus Amt und Würden jagen? So ließ sich negative Bewertung um negative Bewertung aufbauen in der Hoffnung, irgendwann einmal genügend Material beisammen zu haben für eine kleine Abmahnung oder, noch besser, eine betriebsbedingte Kündigung.

Selbstredend bekam Kollege Meier keine Gelegenheit, sich gegen die Unverschämtheiten zur Wehr zu setzen oder wenigstens seine Sicht darzulegen. Das war schlichtweg nicht erwünscht. Seine Möglichkeiten beschränkten sich auf die Aufgabe seiner Stelle, und das wollte er nicht – schließlich musste er als Familienvater zusehen, dass die Kohle am Monatsende auf dem Konto einging. Es blieb ihm also nichts anderes übrig, als das Spiel so weit es ging mitzuspielen.

Wo hätte er sich auch beschweren sollen? Beim Personalrat? Zwecklos. – Beim Vorgesetzten? Ohne Erfolgsaussicht, der war ja bei der ganzen Misere federführend. – Beim Direktor, in der Hierarchie der Vorgesetzte der Bereichsleitung? Der zeigte keine Bereitschaft zu einem Gespräch und war durch den Bereichsklops Zausel indoktriniert, wenn nicht sogar der grundsätzliche Urheber der Attacken.

So etwas wird üblicherweise als eine aussichtslose Situation bezeichnet. Aber da kam der Zufall zu Hilfe. Bereichsklops Zausel ergriff die Gelegenheit und mahnte den Kollegen Zenger zweimal wegen Fehlern beim Ausfüllen von Dienstreiseanträgen ab. Vermutlich wollte er seine Macht demonstrieren und nach oben den durchsetzungsfähigen Vorgesetzten mimen. Es wurde für ihn zum Eigentor, weil Kollege Zenger daraufhin kündigte und das Unternehmen bald verließ, um eine andere Stelle im Verband heimzusuchen.

Herr Meier konnte zwar kurzfristig durchatmen, bekam aber bald wieder eine ahnungslose Person vor die Nase gesetzt. Das ist schließlich keinem Arbeitgeber verboten. Der Sache an sich, der Einführung des Digitalfunks, taten diese Winkelzüge keinen Gefallen und offensichtlich spielten die Vorgänge finanziell eine untergeordnete Rolle. Tricksen, Tarnen, Täuschen auf Kosten des Steuerzahlers.

Hubsi Eastwood nimmt den Kampf auf oder: Der Rächer des verlorenen Arbeitsplatzes

Besser ein guter Aufstieg als eine schlechte Kündigung.

Sehen Sie gerne Western mit Clint Eastwood? Bewundern Sie seine Coolness? Die einzigartige Begabung, mit wenigen Worten alles zu sagen? Das ihm eigene unwiderstehliche Durchsetzungsvermögen? Nun, das ist vermutlich so, weil Sie sich selber gerne hin und wieder manchen Ärger in ähnlicher Weise vom Hals halten möchten. Und natürlich ist er ein großartiger Schauspieler, den Sie manchmal im Fernsehen bei einer Wiederholung seiner Filme bewundern können.

Wir von der Hilfsorganisation sind an dieser Stelle beinahe privilegiert, denn manchmal überkommt uns der Eindruck, dass dieser Typ im Haus als Bürobote arbeitet. Natürlich nicht in Echt, aber was unser Hubsi Gruber manchmal abzieht, das steht dem Original nur wenig nach, inklusive seiner Begabung für den Schauspielberuf. Und wenn er bis heute noch nicht für den Film oder die Bühne entdeckt worden ist, dann nur deshalb, weil sich schicksalhafterweise keine Schnittstelle mit einer entsprechenden Person ergab, die ebensolche markante Kerle entdeckt. Was wiederum für uns Mitarbeiter im Falle des Falles eine Katastrophe wäre, denn ohne Hubsi geht schon mal gar nix in dieser unserer Einrichtung.

Sein Spitzname ist an sich eine schlimme Verniedlichung, aber weil er ein extrem netter Mensch und sein Vorname – Hubertus – so schwer auszusprechen ist, finden wir, dass er zu ihm passt. Und er selbst hat nichts dagegen, so genannt zu werden, solange ihm keiner quer kommt.

Denn dann vereisen seine Gesichtszüge und gehen mit der erwähnten Eastwood'schen Wortkargheit eine perfekte Symbiose ein, die so manchen Gesprächspartner verblüfft und aus dem Konzept bringen kann. Selbst der rhetorisch so versierte Chefsanierer Direktor Kleinert musste das feststellen.

Aber von Anfang an:

»Eine eigene Druckerei? Ja, sind wir denn auf Rosen gebettet?«, entsetzte sich Direktor Kleinert am Anfang seiner zweifelhaften Karriere in unserem Gemäuer im Rahmen einer Hausbegehung. »Kein Wunder, dass wir auf eine Pleite zusteuern. Die hauseigene Druckerei ist der Überfluss in Reinkultur, die gehört sofort aufgelöst, die Maschinen verkauft, und künftig lassen wir die Druckaufträge extern erledigen«.

Beflissen notierte der persönliche Assistent die Anweisungen des Direktors auf diesem Rundgang und schob unsicher eine Frage nach: »Und was wird aus den Herren Lehmann und Gruber?«

»Aus wem? – Kenn ich nicht …«

»Na, die beiden Herren, die dort arbeiten.«

»Die? Die schicken wir nach Hause; weisen Sie die Personalabteilung an, zum nächstmöglichen Termin die entsprechenden Kündigungen vorzubereiten. Ende, aus. Das sind ja unglaubliche Zustände in dieser Hütte … und sehr bald zwei Personalien weniger.«

Kurze Zeit später wurde den beiden Kollegen die Kündigung zugestellt. Ohne viele Worte zu wechseln, wie es ihre Art war, entschlossen sich die Kollegen Lehmann und Hubsi Gruber, die Kündigungen anzufechten.

Jeder auf seine Art … In der ihm eigenen bierseligen Ruhe schaltete der schwerbehinderte Kollege Lehmann einen Fachanwalt für Arbeitsrecht ein und bezog sich darauf, dass das Integrationsamt bei der Kündigung nicht beteiligt worden war – was die Kündigung unwirksam machte – und insgesamt keine ausreichende Begründung enthielt, um ihn so mir nichts, dir nicht aus der Firma zu komplimentieren.

In der Zwischenzeit arbeitete er weiter, ohne auch nur einen Deut von Nervosität aufkommen zu lassen. Den übers Netz gespielten Schmetterball schlug er mit traumhafter Lässigkeit zurück. Punkt, Satz und Sieg. Direktor Kleinert war fürs Erste bedient und sah sich gezwungen, eine neue Strategie auszuhecken, denn der ihm innewohnende Drang, diese Mischung aus mangelnder Selbstbeherrschung und arroganter Ignoranz gegenüber seinen Mitmenschen, hatte ihm einen Bärendienst erwiesen.

So einfach ging es nun doch nicht, sich vom langjährigen Personal zu trennen.

Kollege Hubsi hingegen agierte ganz anders – nämlich gar nicht. Sein Vertrag sah eine sechsmonatige Kündi-

gungsfrist vor, ein Zeitpolster, auf das sich bauen ließ –
denn mit den geeigneten Methoden war das letzte Wort
noch nicht gesprochen. Sollte sich die Direktion nur in Sicherheit wiegen …

Natürlich sprach sich seine Kündigung wie ein Lauf-
feuer in den verschiedenen Etagen herum, und da er mehrmals am Tag mit seinem Postwägelchen Briefe und Päckchen an alle Arbeitsplätze im Hause zustellte, um im gleichen Zug die Postausgangskörbe der verschiedenen Bereiche und Abteilungen von ihrer Last zu befreien, ergab sich
für viele Kolleginnen und Kollegen die willkommene Gelegenheit, ihn darauf anzusprechen.

Bevor ich das folgende Zwiegespräch wiedergebe, soll
daran erinnert werden, dass wir uns hier in der bayerischen
Landeshauptstadt befinden, wo die Amtssprache zwar
möglicherweise Deutsch sein mag, aber der typische
Münchner sein Bayerisch mit Inbrunst pflegt. Auch unser
Hubsi …

Deshalb übersetze ich seine Kommentare ins Hoch-
deutsche, um den Lesern außerhalb der bayerischen Grenzen den Inhalt dieser archaischen Eingeborenensprache
besser zu vermitteln, die oft in wenigen Silben sehr viel
Unterschiedliches auszudrücken vermag. (Insbesondere
war die Urbevölkerung bei feindlichen Angriffen in den
unwegsamen Bergtälern darauf angewiesen, sich mit wenigen Gutturallauten die aktuelle Lage von exponierten Stellen aus der Umgebung gegenseitig zu übermitteln. Ein Umstand, der sich über Jahrhunderte erhalten hat und heute
noch bei Konversationen aller Art zur Anwendung
kommt.)

Kollegin: »Hubsi, ich hab von der Kündigung gehört …
Du, das tut mir total leid.«

Hubsi: »A geh?«

(»Soso, du hast davon gehört? Ist ja irre, wie das die Runde macht.«)

Kollegin: »Das ist ja voll der Mist!«

Hubsi: »… des kost laut sog'n!«

(»Zweifelsohne, das geht mir ziemlich gegen den Strich.«)

Kollegin: »Mööööönsch, was hast denn jetzt vor? Du musst dich wehren …«

Hubsi: »A geh!«

(»Dazu fehlt mir im Moment noch die richtige Zielstrategie, aber ich arbeite daran.«)

Kollegin: »Versuch's doch beim Personalrat, die helfen dir sicher.«

Hubsi: »Wos? Bei dene Gletz'n? A geh …«

(»Mein Vertrauen zu dieser Institution ist so gering, dass ich das lieber bleiben lasse. Es ist einfach keine Option für mich.«

Kollegin: »Wenn du nicht mehr da bist, wie soll das denn funktionieren? Wer bringt uns die Post?«

Hubsi: »Moizeiiiid.«

(Der Gruß »Mahlzeit« hat mehrere Bedeutungen. In diesem Fall soll er heißen, dass die Zukunft kritisch gesehen wird, und entspricht nicht *dem Mittagsgruß zwischen Menschen, die sich ab spätestens 8.30 Uhr auf allen Stockwerken in fast allen Unternehmen dieses schönen Landes mit »Maaahlzeiiit« die mehr oder weniger große gegenseitige Ehrerbietung erweisen …)*

Lässig und scheinbar mühelos schob er sein Wägelchen nach dieser aussagekräftigen Konversation weiter, um mit seiner Arbeit in der nächsten Abteilung fortzufahren.

Das Direktionsbüro war die nächste Anlaufstation, und
während Kollege Hubsi dort begann, die Post auszuteilen,
lief ihm Direktor Kleinert über den Weg, der ihm forschen
Schrittes ein fröhliches »Hallo Herr Gruber, alles klar?«
zuwarf, was darauf hindeutete, dass der Chef im Zuge der
Kündigung einen visuellen Zusammenhang zu dem Namen
auf dem Papier hergestellt hatte.

Die dort anwesenden Damen wurden nun Zeugen eines
schier unglaublichen Vorgangs. Kollege Hubsi unterbrach
abrupt seine Arbeit und fixierte Direktor Kleinert aus wenigen Zentimetern Entfernung mit seinen eisblauen Augen.
Während der Direktor die Situation irritiert registrierte,
zischte Hubsi ihm leise, aber doch für alle Anwesenden
vernehmlich, folgende Worte in den Gehörgang:

»Mooooiiizeiiiid, Herr Direktor … Des hams jetza oba
ned wirkli g'moant, oda?«

(»*Mahlzeit, Herr Direktor … Ich bezweifle, ihr ehrli-
ches Ansinnen, dass Sie mir diese Frage im vollen Ernst
gestellt haben.*«)

Direktor Kleinert schien sichtlich aus dem Konzept gebracht und rang um Fassung: »Wie könnte ich anders, Herr
Gruber? Ein Gruß am Morgen vertreibt Hunger und Sorgen … hahaha …«

Hubsi: »HA …« (blickt den Direktor immer noch aus
kurzer Distanz in die Augen und verzieht dabei keine Miene)

Direktor Kleinert: »Ja … nun … ich muss dann …«

Hubsi: »Nocha gengans hoid scho …« (wendet nach
wie vor keinen Blick ab)

(»*Ich habe nichts dagegen, Sie können ruhig weiter ihrer Arbeit nachgehen.*«)

120

Direktor Kleinert, fast zu einer Salzsäule erstarrt, reißt sich aus der prekären Situation: »Na denn … einen schönen Tag noch …« (dreht sich ungelenk ab und verlässt das Büro)

Hubsi: »Mooooiizeeiiiiiiiiid« … (rumpelt mit seinem Gefährt aus dem Direktionsbüro)

(»Auf Wiedersehen, die Damen, bis zum nächsten Mal …«)

Gleich darauf kommt des Direktors Intimus, sein persönlicher Assistent, um die Ecke geschossen und die beiden stoßen aneinander: »Verzeihung, Herr Direktor, habe Sie gar nicht kommen sehen. »

Direktor Kleinert: »Wie? Ach ja … macht nichts … war selbst schuld … habe nicht aufgepasst beim Abbiegen … hehe … Kotflügel ist noch dran … hahaha …«

Assistent: »Herr Direktor, Sie wirken angespannt … gab es Probleme, von denen ich wissen sollte?«

Direktor Kleinert: »Ach so … nichts Besonderes … Dieser Gruber … da kann man richtig Angst kriegen, wenn er einen so anglotzt …. kann einem bange werden … dem haben wir doch neulich erst gekündigt …«

Assistent: »Ach so, und jetzt hat er Sie sicher angefleht, die Kündigung zurückzunehmen, oder?«

Direktor Kleinert: »Nein …, hat er gar nicht … Aber so komisch geschaut hat er.«

Assistent: »Hmmmmm … so lange er Sie nur ansieht … Neulich las ich in der Zeitung, dass in Frankreich ein Gekündigter seinen Chef mit einer Waffe bedroht hat. Er zwang ihn, in sein Auto einzusteigen, und sie fuhren geradewegs auf eine Autobahn. Nach zwanzig Kilometern musste der Chef sich bis auf die Unterhose ausziehen, dann durfte er auf dem Standstreifen mitten in der Pampa aus-

steigen … … Der Gekündigte informierte die Presse, die
den Mann dort aufgabelte und dabei erst einmal in Ruhe
Fotos schoss, bevor sie ihn aus dieser prekären Lage befrei-
ten und ihn zu sich in den Kombi einsteigen ließen. Am
nächsten Morgen prangte das Konterfei des Chefs im Ne-
gligé auf allen Titelseiten … Stellen Sie sich mal vor, Herr
Direktor, wie peinlich das war … Der Mann ist im ganzen
Land total blamiert, seine Frau traut sich jetzt nicht mehr,
zum Einkaufen aus dem Haus zu gehen … alle Nachbarn
zeigen mit dem Finger auf Sie … ganz schrecklich. Hoffentlich passiert Ihnen nicht etwas Ähnliches.«

Direktor Kleinert: »Halten Sie den Mund! Was muss
ich mir hier für einen Mist anhören? Haben Sie sonst keine
Aufgaben? Gehen Sie mir sofort aus den Augen!«

Während der Assistent sich eilig trollte, suchte Direktor
Kleinert sein Büro auf, um ein Beruhigungszigarettchen zu
qualmen und die Batterien seines Blutdruckgerätes zu stra-
pazieren.

Selbstredend hatte er schon eine Idee in petto, wie sich
die Poststelle künftig automatisieren ließ.

Und der Versuchsballon sollte abheben, wenn Kollege
Gruber demnächst seinen Urlaub antrat.

Als es so weit war, empfingen die Kolleginnen und Kollegen eines verregneten Montagmorgens um 7.45 Uhr folgende Rundmail:

An alle Fachbereiche und Abteilungen.
In der urlaubsbedingten Abwesenheit
von Herrn Gruber ist die Post in der
Poststelle selbst abzuholen. Ebenso
bringen Sie die Ausgangspost dorthin,
wo sie von einem externen Dienstleister
eingesammelt und abtransportiert wird.

Das konnte heiter werden, denn die gewohnten Arbeitsabläufe von nahezu der gesamten Belegschaft wurden durch diese Maßnahme torpediert. Weiterhin blieb ungeklärt, wer die Post in der Poststelle vorsortierte, die Frankiermaschine sah aus wie ein Ding aus einer anderen Welt, dessen Bedienfunktionen sich der Belegschaft überhaupt nicht erschlossen, und ganz allgemein schienen wir mit der Thematik »Poststelle« temporär überfordert.

Schließlich hatten wir in den Fachbereichen gänzlich andere Dinge zu tun. Einen Brief zu verschicken war nicht die große Kunst, was aber, wenn er zu viel wog? Ein Päckchen? Einschreiben, Rückschein? Was kostet wie viel? Die Waage schließlich befand sich auch in der Poststelle, dem Reich der Kollegen Lehmann und Gruber.

Und Kollege Lehmann hatte sich mit dem Urlaubsantritt von Herrn Gruber aus rachetaktischen Gründen krank gemeldet. Spätestens jetzt führten wir uns vor Augen, welchen Stellenwert die Institution Poststelle im Hause einnahm und wie abwertend so mancher der kontinuierlichen Tätigkeit unserer beiden Kollegen dort gegenübergestanden hatte.

Nun, am Bemühen, den Laden am Laufen zu halten, sollte es nicht scheitern. Wir taten unser Bestes – und bremsten dabei unsere eigene Tätigkeit sauber aus. Gegen Abend herrschte in der Poststelle ein heilloses Chaos aus Ein- und Ausgangspost, Päckchen und Paketen, und es kam, wie es kommen musste. Der externe Abholdienst weigerte sich, die Post erst in die dafür vorgesehenen Plastikkisten einzuschichten, denn das wäre erstens nicht seine Aufgabe und zweitens seinem engen Zeitplan unzuträglich, womit er völlig recht hatte. Denn dafür wurde er nicht bezahlt. Normalerweise bekam er die vollen Kisten direkt zu seinem Transporter gefahren und brauchte nur noch aufzuladen. Das hier ging nun gar nicht.

Mangels anderer Vereinbarung und wegen seines Zeitdrucks im Allgemeinen fuhr er ohne unsere Post seine Tour zum nächsten Kunden weiter. Die nächsten Wochen verbrachten dann bald sechs zur Freiwilligkeit bestimmte Personen damit, sich gegen die Brief- und Paketberge zu stemmen, und endlich nahte der Tag, an dem Kollege Hubsi braun gebrannt und gut erholt seinen Dienst mit einem kräftigen »Moizeiiiid« wieder antrat.

Selbstredend sah er sich mit einem Rückstand konfrontiert, der ihn zu der Bemerkung »Sacklzementhalleluja« hinriss, womit er seiner Überraschung über die zu leistende Mehrarbeit Ausdruck verlieh, was ihn aber nicht aus dem gewohnten Konzept warf. Nur der Aufwand war größer als üblich und auf seinem Postwägelchen türmten sich die Briefe, Päckchen und Pakete höher als sonst.

Wir zollten diesem Umstand insofern unseren Tribut, als uns allen klar war, dass Kollege Hubsi an diesen Tagen kaum eine Sicht hatte in die Richtung, in die er den Wagen schob. Wir achteten dann verstärkt darauf, seinem Weg auszuweichen, damit es nicht zu einem Unglück kam. Aber genau ein solches Unglück nahm seinen Lauf, als der Zufall Regie führte und Kollege Hubsi das Stockwerk wechseln wollte.

Flugs die Aufzugstaste gedrückt, wartete er, bis die Türen sich öffneten, um dann mit einem lauten »Obacht!« *(Hochdeutsch: Bitte Vorsicht!)* den Wagen beherzt in den

Aufzug zu schieben. Was in den nächsten Sekunden geschah, ließ sich nicht mehr genau rekonstruieren, aber offensichtlich befand sich Direktor Kleinert im hinteren Teil der Aufzugkabine auf dem Weg zu seinem Büro im dritten Stock und telefonierte mit abgewandtem Körper, sodass Kollege Hubsi ihn nicht sehen konnte.

Wenige Sekunden später – das Postwägelchen passte kaum in den Aufzug – klebte Direktor Kleinert zwischen der Innenverkleidung und dem schweren Postwagen, während sich die Türen wieder automatisch schlossen und die Fahrt fortgesetzt wurde. Ein Schmerzensschrei ließ den Kollegen aufhorchen:

Hubsi: »Wos isn des für a Gschroa? Is do no oana herinna?«

(*»Wer ruft denn da? Ist etwa noch jemand außer mir im Aufzug?«*)

Direktor Kleinert: »Arrrgrrr … Gruber, lassen Sie mich sofort hier raus! Ich krieg keine Luft mehr!«

Hubsi: »A geh? Der Herr Direktor … jessas na.«

(*»Da scheint noch jemand in der Kabine zu sein … Der Herr Direktor … so ein Unglück.«*)

In diesem Moment gab es einen Ruck – der Aufzug stand still.

Anscheinend kam es durch die Verkeilung im Aufzug zu einer elektronischen Fehlfunktion. Der Aufzug steckte jetzt zwischen zwei Ebenen fest.

Direktor Kleinert: »Sie dummer Bauer Sie, dann geben Sie doch eine Warnung ab, bevor Sie mit Ihrem Getöse den Aufzug betreten. Das ist ja lebensgefährlich!«

Hubsi: »I hob doch ›Obacht!‹ gsagt. Nocha geht ma hoid viere, umme oda ausse, und etza hoast mi er a no an dumma Bauer, da sog i bloß no … Moizeid.«

(»Vor dem Betreten der Aufzugkabine warnte ich mögliche Mitreisende vor der Gefahr, die sich auf sie zubewegen könnte, wenn sie nicht rechtzeitig aussteigen oder zur Seite treten, durch die Benutzung des Wortes ›Obacht‹. Mich deshalb als dummen Bauern zu titulieren ist nicht die feine Art und der Situation unangemessen.«)

Direktor Kleinert (jetzt panisch): »Gruber ... so tun Sie doch irgendwas ... Ich krieg es mit der Angst.«

Hubsi: »Woas doch i neda, wia des Glump geht. I bin bloß da Hausbostler, der vo es ausse gschmissn werd«.

(»Ich habe keine Ahnung von der Technik dieser Konstruktion. Ich bin nur ein Mitarbeiter in der Poststelle des Hauses, den ihr entlassen wollt.«)

Direktor Kleinert (jetzt bedächtig leise sprechend): Gruber ..., also ... da reden wir noch darüber, wenn es Ihnen gelingen sollte, den Aufzug wieder zum Laufen zu bringen ...«

Hubsi (mit leichtem Grinsen): »Und mehra Flins?«

(»Wie sieht es in diesem Zusammenhang mit einer Gehaltserhöhung aus ...?«)

Direktor Kleinert: »Was? .... Sie unverschämter ... oooooooohhhhhh! Tun Sie bloß endlich was!«

Fürwahr, in dieser Situation war guter Rat teuer. Selbst wenn unser Hubsi ein Studium der Fachrichtung Elektronik mit Erfolg abgeschlossen hätte, in der drangvolle Enge fehlte die schiere Möglichkeit, sich auf Fehlersuche zu begeben. So besann sich Kollege Hubsi eines uralten bayerischen Tricks (an sich ein internationaler Trick, aber jeder behauptet, dass er ihn zuerst erfunden hat), und drosch mit seiner linken Hand, die noch über die größte Bewegungsfreiheit verfügte, gegen die Innenverkleidung knapp über dem Steuerungspaneel. Und, es mutete wie ein Wunder an, die Kabine setzte sich in Bewegung, um kurz darauf vorschriftsmäßig anzuhalten; das nächste Stockwerk war endlich erreicht.

Die Türen öffneten sich endlich und Hubsi beeilte sich, den Direktor aus seiner misslichen Lage zu befreien, indem er den Postwagen schnell in das Zwischengeschoss zog. Kurz dahinter stieg ein leichenblasser Direktor Kleinert aus der Kabine und begann den vermeintlich Schuldigen anzubrüllen:

»Gruber … das haben Sie mit voller Absicht gemacht! Aber ich werde Ihnen schon zeigen, wer hier das Sagen hat. Das werden Sie noch bereuen. Und außerdem melden Sie sich morgen um 10 Uhr pünktlich in meinem Büro. Da rupfen wir das Hühnchen dann weiter …«

Kollege Hubsi hatte in der Zwischenzeit circa zehn Zentimeter vor des Direktors Wutvisage Position bezogen, wich keinen Millimeter von der Stelle, musterte den Direktor mit versteinerter Miene und zischte: »… und den dumma Bauer.«

Direktor Kleinert, sowieso schon am persönlichen Stresslimit angelangt, brüllte ihn an: »Lassen Sie mich sofort vorbei!«, und machte sich mit wackeligen Knien schleunigst auf den Weg zu seinem Büro. Er ärgerte sich darüber, dem Gruber in seiner nervösen Erregung den »Bauern« an den Kopf geworfen zu haben, denn das könnte sich hinsichtlich seiner Außenpräsentation negativ auswirken. Zu diesem Zeitpunkt befand sich eine Raucherkolonne auf dem Weg in den Hof und wartete auf den Aufzug. Die hatten alles mitgekriegt, was ein gewisses Restrisiko darstellen könnte, wenn der Gruber diesen kleinen Ausrutscher gegen ihn zu verwenden beabsichtigte. Nun gut, er würde morgen schon die richtigen Worte finden.

In der Zwischenzeit legte des Direktors persönlicher Assistent das Ergebnis einer internen Studie vor, die dem Chefsanierer ein niederschmetterndes Ergebnis präsentierte: Die vierwöchige urlaubsbedingte Abwesenheit des Kollegen Gruber bei gleichzeitigem Totalausfall des Kollegen Lehmann band in der Anfangsphase bis zu sechs Mitarbeiter, um einen Ablauf zu gewährleisten, bei dem von »reibungslos« überhaupt keine Rede mehr sein konnte. Alle Bereiche und Abteilungen meldeten ausnahmslos einen Mehraufwand und monierten die Verlangsamung der originären Aufgaben, was ganz sicher nicht im Sinne rationaler Arbeitsabläufe sein konnte.

Und selbst wenn Herr Lehmann wieder gesund war, so ähnelte seine Arbeitsgeschwindigkeit eher dem Hundert-Meter-Sprint einer Riesenschildkröte; dies aber zumindest mit stoischer Konstanz und derselben Gelassenheit. Wer auch immer versuchte, ihm Beine zu machen, sah seinen Schreibtisch umgehend mit gelben Arbeitsunfähigkeitsbescheinigungen in großer Anzahl übersät. Ganz klar, auf den Gruber konnte – zumindest im Moment – nicht verzichtet werden. Denn so naheliegend die Strukturänderung war, die Post von einem externen Unternehmen abholen zu lassen, sie erforderte im Haus eine gewissenhafte Vorarbeit, die nur jemand zu leisten imstande war, der den vollen Durchblick besaß und bereit war, flexibel auf den unterschiedlichen Anfall von Arbeit zu reagieren. Und das war nur der Kollege Gruber.

Direktor Kleinert hätte sich ob dieser Erkenntnis am liebsten selbst in den Allerwertesten gebissen, was jedoch seine bandscheibengeschädigte Wirbelsäule nicht ohne Weiteres zuließ. Denn statt zwei Personalien los zu sein, verpuffte seine Energie zu diesem Thema im Nirgendwo, und das zehrte an seinem Ruf. Da half nur noch ein taktischer Rückzug und das Bündeln der vorhandenen Energien auf einer neuen Kampflinie.

Am nächsten Morgen um 10 Uhr im Büro des Diktators … äh … Direktors:

Direktor Kleinert: »Da sind Sie ja, mein lieber Gruber … Wir müssen uns über Ihre Zukunft unterhalten.«

Hubsi: »Wenn's des moana nacha soi's so sei …«

(*»Wenn das Ihrem Anliegen entspricht, dann stehe ich als Gesprächspartner gerne zur Verfügung.«*)

Direktor Kleinert (versöhnlich): »Das kleine Malheur von gestern ist nicht der Rede wert, das vergessen wir zwei Hübschen ganz schnell wieder … hehe … Wollte schon immer mal so Aufzug fahren. Und die Kündigung ist Geschichte, sie erfolgte etwas voreilig. Sie wissen ja, die Restrukturierung verlangt mir Einiges ab; hin und wieder auch eine Revidierung meiner Entscheidungen.«

Hubsi: »Scho … scho.«

(*»Ihre momentane Fokussierung der Dinge kommt mir im Großen und Ganzen sehr entgegen.«*)

Direktor Kleinert: »Haben Sie je erwogen, eine leitende Position in unserem Hause zu bekleiden?«

Hubsi: »Na, no nia neda …«

(*»Bisher hatte ich keine Gelegenheit, mich mit diesem interessanten Gedanken auseinanderzusetzen.«*)

Direktor Kleinert: »Mit Ihrem Einverständnis bekleiden Sie ab kommendem Ersten die Position des Leiters der Poststelle. In dieser Stellenbeschreibung ist eine Erhöhung ihrer Gehaltsbezüge inkludiert. Und natürlich steigt das Ansehen bei Ihren Kolleginnen und Kollegen …«

Es klopfte, die Tür öffnete sich leise und Frau Mellert, ihres Zeichens Sekretariatsangestellte im Direktionsbüro, legte mit diskretem Lächeln ein paar Unterschriftsmappen zur weiteren Bearbeitung auf einem Regal ab, um genauso leise wieder zu entschwinden.

Direktor Kleinert (gedankenversunken): »Die gute Frau Mellert ... von der Sorte könnte ich in diesem Haus mehrere gebrauchen. Und durchaus vorzeigbar ist sie obendrein ...«

Hubsi: »Zvui Gfriesgschmier ...«

(»Für meinen Geschmack überdeckt sie ihren blassen Teint mit einem übertrieben großen Einsatz an kosmetischen Artikeln.«)

Direktor Kleinert (aus dem Tagtraum gerissen): »Hä? ... Ach so ... tja ... also, Herr Gruber, wie stehen Sie zu meinem Vorschlag?«

Hubsi (mit hypnotischen Blick): »Z'erscht wird da dumme Bauer no ausschmatzt.«

(»Wir sollten an dieser Stelle noch die verbale Entgleisung von gestern klären, als Sie mich einen dummen Bauern nannten.«)

Direktor Kleinert: » Jetzt machen Sie aber einen Punkt. Ich biete Ihnen eine tolle Position. Werden Sie nun mal nicht kleinlich! Sonst überlege ich mir das Ganze noch. Ich kann auch anders!

Hubsi: »Pfiffkas, nacha fahrst dei Bost selber umananda ...*«

(»Von wegen, dann fahren Sie Ihre Post mal schön selber durchs Haus«.)

---

* Das Duzen, auch gegenüber Vorgesetzten, ist im bayerischen Sprachgebrauch, allerdings mehr im ländlichen Bereich, nicht unbedingt ehrenrührig und wird meist akzeptiert.

Direktor Kleinert (genervt): Gut, wenn Sie so wollen … das war im Affekt gesprochen. Ich hatte unter dem Eindruck der räumlichen Enge überreagiert. Mea culpa … Können wir die Sache jetzt endlich ad acta legen? Es gibt so viel Wichtigeres zu tun … Meine Güte … natürlich sind Sie kein Bauer, wie auch? Ist ja kein landwirtschaftlicher Betrieb hier … Herrje … spielen wir Strohballen aufstellen, oder was …?«

Hubsi: »Guad, nacha kemma mir zam und i sog vergelt's Gott und Moizeid, Herr Chef …«

(»Gut, dann bin ich einverstanden und danke für das mir entgegengebrachte Vertrauen. Auf Wiedersehen, Herr Direktor«.)

Daraufhin erhob sich Hubertus Gruber und beendete damit das Personalgespräch auf seine ihm ureigene Weise. Zurück blieb ein völlig perplexer Direktor Kleinert, der sich an diesem Tag besonders müde fühlte. Keine halbe Stunde später kündete der rumpelnde Postwagen und ein fröhliches »Moiiizeiiid« davon, dass unser Hubsi wieder seine tägliche Tour absolvierte.

Wir können es uns auch nicht anders vorstellen.

Gaudi in der Werkstatt 1.0 oder:
Die unmögliche Rückkehr der Altgedienten

Arbeit ist wichtig – Assessment-Center ist wichtiger

Eine Hilfsorganisation betreibt eine stattliche Menge von Funkgeräten, deren Reparatur und Wartung in hauseigenen Werkstätten erfolgt. Aus kleinen Anfängen von unserem unermüdlichen und allseits beliebten Herrn Zweckinger über viele Jahre mit Bedacht aufgebaut, hatte eine der beiden Werkstätten seit seinem altersbedingten Ausscheiden ihren Zenit überschritten.

Durch eine mehr als unglückliche Nachbesetzung mutierte dieser Ort in kurzer Zeit zu einer Art Stehausschank. Die Arbeitsleistung ging stark zurück und wir sahen uns immer öfter den berechtigten Reklamationen der verschiedenen Außenstellen ausgesetzt, die zu Recht das patzige Verhalten und die lustlose Annahme und Abwicklung der Reparaturaufträge durch die dortigen Mitarbeiter bemängelten.

Der Grund dafür war nicht nachvollziehbar, denn wir beneideten die Jungs. Sie schufen sich einen chilligen Mikrokosmos, in dem sie, beschallt von herrlichem Siebzigerjahre-Rocksound, jeden Tag ihre Arbeitszeit angenehm verbringen konnten, unbeachtet von quengelnden Führungskräften, die sich höchstens im Sechs-Monats-Rhythmus blicken ließen, und das auch nur halbherzig. Das Ganze in einer beschaulichen Lage am Stadtrand, die Dorfkirche auf der anderen Straßenseite läutete mit hellem Ton die Mittagszeit ein, nebenan wiegte ein Weizenfeld seine Ähren im sanften Takt des Windes. Viel grünes Buschwerk ließ keinen Gedanken daran aufkommen, dass sich dieser Ort in der Millionenstadt München befand. Liegestühle und Bierbänke hinter dem Haus, von wo aus die beneidenswerten Kollegen in Ruhe beobachten konnten, wie auf einem kleinen Schrottplatz nebenan ein paar englische Luxuslimousinen bedächtig vor sich hin rosteten, luden zur Entspannung ein. Hin und wieder störte der Paketfahrer oder ein Rettungsfahrzeug mit Funkproblem diese Idylle. Alles in allem ein bequemer Arbeitsplatz in pittoresker Umgebung, völlig autark und ohne funktionierende Kontrolle.

Aber gerade in dieser Ruhe schien das Problem zu liegen.

Statt sich die Arbeitsabläufe effizient zu organisieren und Gott für ihr Glück auf Erden zu danken, verfielen die beiden immer wieder ins Sinnieren über den Arbeitgeber und darüber, was ihrer Ansicht nach alles bescheiden lief.

Die hervorragende Ausstattung mit feinster Messtechnik verkam in ihren Beschreibungen zu einem einfachen Taschenmessgerät, die Werkzeugausstattung war sowieso das Letzte, die Klimaanlage sprach nicht auf halbgradige

Änderungen an, die Heizung hatte keine fernsteuerbare Zeitschaltung, der Kühlschrank produzierte keine Eiswürfel.

Es handelte sich also um fundamentale Probleme.

Um ihr Schicksal leichter zu ertragen, ließen sie sich von einem kalten Bierchen zur Mittagsstunde trösten, sofern nicht schon am Vormittag der Gewürztraminer gerade die richtige Temperatur für eine Weinprobe erreicht hatte. Und mit jedem Schluck schienen die Probleme noch größer zu werden, bis der Feierabend sie um spätestens 16 Uhr aus ihrer misslichen Lage befreite.

Als einer der Kollegen sich in den Krankenstand verabschiedete, war es um seinen Kumpel geschehen.

Die Getränkepalette wurde um Cognac erweitert, der an strategisch wichtigen Punkten in und um die Werkstatt unauffällig verteilt war und dort gut versteckt als Motivationshilfe bei der Arbeit dienen sollte.

Derart gut aufgestellt für den Kunden- und Arbeitsansturm, den er jetzt für einige Wochen alleine zu bewältigen hatte, verlor der Kollege in wenigen Tagen endgültig den Überblick.

Die Beschwerde einer Rettungswagenbesatzung, die einen Meldeempfänger persönlich zur Reparatur abgeben wollte und den Kollegen schlafend auf der Couch im Brotzeitraum vorfand, sowie dessen eigener Hilferuf am nächsten Morgen bei einer Kollegin in der Zentrale, er befinde sich ob der vielen Arbeit am Rande eines Nervenzusammenbruchs, machten es nötig, dass sich jemand vor Ort ein eigenes Bild machte.

Ein Mitarbeiter wurde rausgeschickt, um die Lage zu sondieren. Was er vorfand, war ein überquellendes Eingangsregal, viele offene Pakete, geöffnete und geschlossene

Päckchen. Im Versandregal sah es nicht anders aus. Aber alles in allem war nicht nachvollziehbar, warum der Kollege in der Werkstatt das als dramatisch einstufte; es konnte aber mit an Sicherheit grenzender Wahrscheinlichkeit angenommen werden, dass der extensive Alkoholkonsum dazu beigetragen hatte, dass ihm der Überblick völlig abhandengekommen war. Möglicherweise sah er die Pakete doppelt und gewann dadurch den Eindruck einer doppelten Arbeitsbelastung.

Aufgrund seines angeschlagenen Zustands beschloss der Mitarbeiter der Geschäftsstelle, den Kollegen zu einem Arzt zu bringen, der ihn postwendend aus dem Verkehr zog. Damit war die Werkstatt ab sofort unbesetzt.

Jetzt war guter Rat teuer. Der rettende Einfall hieß Rudi Zweckinger, mittlerweile vierundsiebzig Jahre alt und wild entschlossen, seinen Ex-Arbeitgeber zu unterstützen. Wir waren erleichtert und freuten uns, ihn wieder bei uns begrüßen zu dürfen.

Ein Anruf genügte, und Zweckinger stand bereits am nächsten Tag um sieben Uhr morgens vor seiner geliebten Werkstatt, die er zu Recht als sein Lebenswerk ansah. Es war, als träfen zwei Liebende aufeinander. Mit Ruhe und Bedacht sah er sich zuerst um, streichelte „sein" Lieblings-Messgerät von Rhode & Schwarz zärtlich und mit sanftem Lächeln – die Arbeit konnte beginnen.

Bereits zwei Stunden später setzte er die Meldung ab, dass alles halb so wild sei. Er war zuversichtlich, das Chaos in wenigen Tagen in den Griff zu kriegen.

Guter Dinge und erleichtert ob der schnellen Wiederbelebung der Werkstatt erreichte uns ein unheilvoller Anruf von der Personalabteilung: Wie wir uns das denn vorstellten – früherer Mitarbeiter hin oder her, aber so würde das nicht gehen. Es werde darüber eine Meldung bei der Direktion erfolgen, und Herr Kleinert würde nie akzeptieren, dass von dem reaktivierten Herrn Zweckinger keine Bewerbungsunterlagen vorlägen. Es hatte kein Bewerbungsgespräch stattgefunden und, das Schlimmste, er hatte das Assessment-Center nicht durchlaufen. Dort müsse er noch seine Tauglichkeit beweisen, sonst könne ja jeder kommen. Teilzeit oder Aushilfe, Rentner oder Student – das spiele keine Rolle, denn die Vorgaben seien ja durch das Qualitätsmanagement eindeutig geregelt. Wir sollten Herrn Zweckinger derweil wieder nach Hause schicken. – Oje, die Personaler hatten wir in unserer Not tatsächlich nicht berücksichtigt.

Doch sollten sie toben und Herr Kleinert vor Wut durch die Decke gehen, wir konnten auf Herrn Zweckingers Hilfe unmöglich verzichten. Dummerweise rief der Sachbearbeiter auch in der Werkstatt an und machte Herrn Zweckinger ähnliche Vorhaltungen. Der sah das aber ganz entspannt und entgegnete, dass er gerne seine Bewerbungsunterlagen nebst Anschreiben und Lichtbild an die Personalabteilung schicken würde.

Zu dem Test, von dem er noch nie gehört hatte, erklärte er seine Bereitschaft und nahm so den Einwänden der Personalabteilung den Wind etwas aus den Segeln.

Akribisch erstellte er abends zu Hause seine Bewerbungsunterlagen und schickte sie per Post an die Geschäftsstelle: „Sehr geehrte Damen und Herren, ich möchte mich als Aushilfe ab 12. 4. für die kommenden zwei Wochen bewerben, bin aber schon seit vorgestern tätig …“ Er hatte einen Mordsspaß dabei und wunderte sich über die Entwicklungen in dem Haus, dem er mehrere Jahrzehnte treu gedient hatte.

Nach wenigen Tagen hatte er sämtliche Arbeiten erledigt, die Pakete versandt, andere ausgepackt und die enthaltenen Geräte wieder in funktionstüchtigen Zustand gebracht, nebenbei noch aufgeräumt, bei den Außenstellen um Verständnis gebeten und auf der ganzen Linie gut Wetter gezaubert. Er hob in dieser kurzen Zeit das Leistungsniveau des Reparaturdienstes, dass es eine Freude war, und wir erhielten viele positive Rückmeldungen der zum Teil arg strapazierten Außenstellen über die Arbeit dieser Werkstatt.

Mittlerweile waren ihm die Assessment-Fragen zugestellt worden. Herr Zweckinger las sie durch, runzelte kopfschüttelnd die Stirn und legte die Bögen kommentarlos auf die Seite.

Einer der beiden Druiden des Weinkrugs war mittlerweile gesundet, und so konnte Rudi Zweckinger sich wieder seinen Freizeitaktivitäten widmen; er beendete seine Aushilfstätigkeit. Wir waren ihm unendlich dankbar.

Wochen später kam noch einmal ein Anruf der Personalabteilung: Herr Zweckinger habe sich dem Assessment-Center durch Nichtbeantworten der Fragen entzogen; Herr Direktor Kleinert sei darüber sehr erzürnt und verbiete eine weitere Beschäftigung dieser ab sofort unerwünschten Person.

Davon berichteten wir Rudi Zweckinger aber nicht. Übrigens wollte er für seine geleistete Arbeit kein Geld annehmen, er betrachtete sie als freiwilliges Engagement für seinen früheren Arbeitgeber, der Hilfsorganisation, der er sich stets verbunden fühlte und der er seit fast sechzig Jahren als ehrenamtlich engagiertes Mitglied angehörte.

Die Einrichtung eines Assessment-Centers hatte es zu Herrn Zweckingers aktiven Zeit zum Glück noch nicht gegeben. Niemand war auf die Idee gekommen, durch die Hintertür in die Gedanken eines Individuums einzudringen, sich an wenigen vagen Anhaltspunkten siegessicher festzuklammern und sich anzumaßen, die Person besser zu kennen als sie sich selbst. Eignung und Arbeitsleistung waren praxisbezogen in Form einer Probezeit geprüft und anschließend für gut oder schlecht befunden worden und nicht in einer Art theoretischen Vorausberechnung mit höchst zweifelhafter Aussagekraft. Faire Bedingungen für beide Seiten hatte es gegeben statt psychologischer Hypothetik. Heute könnte man ebenso gut einen nicht vorhandenen Lampengeist befragen, um die Eignung eines Bewerbers für eine Arbeitsstelle zu ermitteln.

Die Probezeit übrigens gibt es immer noch, aber erst nach dem erfolgreichen Durchlaufen des Assessment-Centers. Nicht wenige Unternehmen stehen nach dem Fragenmarathon mit leeren Händen da, weil kein einziger Bewerber die Kriterien erfüllen konnte. Lachender Dritter ist der externe Anbieter des Fragenkatalogs, der sich nicht schämt, weise mit dem Kopf zu schütteln, und gleichzeitig die Empfehlung ausspricht, die Stellenanzeige zum wiederholten Mal zu veröffentlichen. Natürlich in der Hoffnung, erneut gegen fürstliche Bezahlung seine Märchenstunde abhalten zu dürfen.

Assessment lässt sich übrigens hervorragend trainieren und damit aushebeln. Und dann gibt es auch noch die Option, dass einer oder mehrere Bewerber das Assessment mit Bravour gemeistert haben, aber an der täglichen Aufgabenstellung scheitern. Vielleicht kennen Sie die Anekdote von dem Mediziner, der immer auf die Note „eins“ im Zeugnis abonniert war, aber in der Praxis nicht in der Lage ist, dem Patienten Vertrauen zu vermitteln, weil er nur über geringe soziale Kompetenzen verfügt. Der bewährte und althergebrachte Ausspruch, dass die Heilung mit dem Händedruck des Arztes beginnt, trifft bei ihm definitiv nicht zu.

Am Ende bleibt die entscheidende Frage, was den Unternehmen lieber ist: ein Bewerber, der das Assessment per intensiver Vorbereitung positiv durchläuft, oder einer, der für die Stelle zwar geeignet ist, aber die Fragen nicht zufriedenstellend beantworten kann. Es ist ein selbst geschaffenes Dilemma.

Ein reizendes Geschenk für
Frau Dreesen oder: Spione wie wir

Für eine Handvoll iPhone …

Ein Besuch von Kollegin Dreesen in unserem Büro hatte stets etwas von einem Schnupfen. Oft unangenehm, plötzlich auftretend und manchmal länger andauernd. Nicht dass wir sie nicht mochten, aber sie verfügte neben einem sehr offenen Wesen und einer ausgeprägten Kameradschaftlichkeit leider über die Begabung, Gespräche nicht auf den Punkt zu bringen und ungezügelt Mundstuhl zu verbreiten. Sie galt als Plaudertasche und kreierte diesen Begriff selbstkritisch für sich selbst, zog aber daraus nie die entscheidende Konsequenz, nämlich schlicht und einfach mehr zu überlegen und weniger zu reden.

Einfachste Vorgänge zogen minutenlange Gespräche nach sich, kompaktere Vorgänge konnten Stunden dauern, die sie mit inhaltsleeren Monologen aus ihrem Privatleben befüllte und sich durch nichts davon abbringen ließ. Es gab wenig, das wir nicht von ihr wussten, auch wenn wir es nicht wissen wollten. Viel zu selten brachten wir den Mut auf, sie vor den Kopf zu stoßen und das Büro nach und nach zu verlassen, um »irgendwas zu erledigen«.

War sie alleine, endete der Monolog abrupt und sie zog sich in ihr Büro zurück, wo die dortigen Kolleginnen und Kollegen, die jede Minute ohne ihr Geschnatter genossen, wieder in die starre Krampfhaltung verfielen, während sich unser Büro wieder langsam füllte.

Ihr Kommunikationsdefizit hatte den unangenehmen Nebeneffekt, dass sie nicht nur über das Privatleben vieler Kolleginnen und Kollegen erstaunlich gut informiert war, sondern diese Infos auch gedankenlos breit streute.

Schnell erkannte die Geschäftsleitung das hier ruhende Potenzial, die Stimmung unter der Belegschaft investigativ auszuloten und gezielt einzelne Meinungen bequem und mühelos über diesen Kanal abzurufen. Direktor Kleinert begann Frau Dreesen mit einfachen, vertrauensbildenden Maßnahmen einzubinden, während Bereichsklops Zausel ihr seine Freundschaft und private Telefonnummer aufdrängte, die sie wie eine Monstranz vor sich durch die Büros trug und jedem erzählte, wie gut ihr Kontakt zur Bereichsleitung und Direktion doch sei.

Nicht viele von uns konnten behaupten, mit dem hochrangigen Direktor und dem Bereichsleiter auf Du und Du zu sein, aber ebenso wenige hätten geglaubt, dass hinter diesen »Angeboten« eine ehrliche Absicht oder gar Freundschaft steckte. Man musste schon sehr einfach gestrickt sein, um darauf hereinzufallen.

Dass ihre Anwerbung erfolgreich verlief, zeigte sich insbesondere in dem iPhone, das ihr von der Bereichsleitung »wegen guter Leistungen« geschenkt worden war. Für uns ein klares Signal, das keinen Zweifel mehr offen ließ. Frau Dreesen war zur Wasserträgerin auserkoren worden und das iPhone war der heiße Draht zur Führungsebene.

Geschickt wurde sie manipuliert und ab diesem Zeitpunkt ausgehorcht. Willig gab sie die gewünschten Informationen preis und half so bei der Erstellung von Profilen. Gespräche mit dem Bereichsleiter in ihrer Privatzeit, von denen sie erzählte, alarmierten uns zwar einerseits, gaben aber auch die Gelegenheit, den Informationsfluss hin und wieder umzudrehen und selbst davon zu partizipieren.

Allerdings war unser Nutzen davon mit Sicherheit geringer als der Schaden, den Frau Dreesen damit anrichtete. Ob sie sich darüber im Klaren war, haben wir öfter im Kollegenkreis diskutiert, konnten aber keine einhellige Meinung dazu finden.

Mit Sicherheit beabsichtigte sie aber, durch vermeintlich gute Kontakte zu der Führungsebene den eigenen Hintern vor dem Personalabbau zu retten. Die Unannehmlichkeiten für die Belegschaft, die zum Teil existenzbedrohend waren und der Geschäftsführung die gewünschte Munition lieferten, nahm sie billigend in Kauf, so unsere Vermutung.

Nachdem man ihrer Dienste überdrüssig wurde – auch in der Erkenntnis, dass der Informationsfluss oft unerwünscht beidseitig verlief – entledigte man sich ihrer Person in einfacher Art und Weise: Kernzeitverletzung!

Sich in vermeintlicher Sicherheit wiegend, überzog Frau Dreesen die Pausenzeit mehrmals. Zusammen mit den Führungskräften speisend, die außertarifliche Bezahlung genossen und deshalb nicht der Gleitzeit unterlagen, hatte sie vergessen, auf ihre Pausenzeit zu achten.

Sie selber kam nicht auf die Idee und war der festen Überzeugung, dass sie kurz vor der Aufnahme in den

Olymp der Angestelltentreter stand und die künftige Karriere sie von der Gleitzeitregelung ausnahm. Dies war aber nicht der Fall.

Als man ihr dafür eine Abmahnung persönlich überreichte, kam es zu dem erwarteten und erwünschten Eklat. Sie fiel in ihr bekanntes Verhaltensmuster und lamentierte von Minute zu Minute aggressiver.

Nachdem sie derart in die Falle getappt war, wurde die zweite Stufe gezündet und eine fristlose Kündigung ausgesprochen, der sie aufgrund ihrer unvorsichtigen Wortwahl nichts mehr entgegenzusetzen hatte.

Das Thema hatte sich binnen zehn Minuten erledigt.

Wild mit den Armen fuchtelnd und unter Tränen verließ sie ihren Arbeitsplatz. Unser Mitleid hielt sich in Grenzen, denn wir waren uns darüber im Klaren, dass eine Spionin ihr gerechtes Ende gefunden hatte.

Gaudi in der Werkstatt 2.0 oder:
Der neue Kollege – vom Leben
gezeichnet und von der Leiter gefallen

Gutes Personal gibt es weder umsonst noch fast
umsonst. Und wer billig kauft, kauft doppelt.

Jedes Unternehmen bildet unsere Gesellschaft in gewisser
Weise ab. Es ist ein Sammelbecken für Menschen mit unterschiedlichen Ausprägungen, Qualifikationen, Charakteren, persönlichen Marotten, guten und schlechten Eigenschaften. Kurz, jede Firma, ob klein oder groß, birgt in sich
ein enormes Potenzial an positiver wie negativer Spreng-
kraft.

Es ist die Kunst und primäre Aufgabe des hoffentlich
weitsichtigen und gut geschulten Führungspersonals, aus
diesem wild zusammengewürfelten Konglomerat schlag-
kräftige und effiziente Verbünde zur Erledigung der anste-
henden Aufgaben in den einzelnen Bereichen und Abteilungen zu schmieden und im besten Fall auch den letzten

Griesgram bei Laune zu halten, damit dieses fragile Konstrukt nicht an Ineffizienz zu kranken beginnt.

Eine Sisyphusaufgabe, in etwa vergleichbar mit der eines Konzertpianisten, der während seines Spiels nicht nur auf die Notation achten muss, sondern in einer angenommenen Hypothese zusätzlich auf unvorhergesehene Wechsel zwischen schwarzen und weißen Tasten. Denn es gibt noch die Vorgesetzten der Vorgesetzten, die eigene Ziele verfolgen und damit oft unberechenbare Dynamiken auslösen, die dem Unternehmen mehr Schaden als Nutzen zufügen. Wie neulich erst geschehen.

Eines Tages schlug ein neuer Kollege auf, der in der hauseigenen Werkstatt eingesetzt werden sollte. An seinem ersten Arbeitstag führte ihn der Weg zuerst in den Hauptsitz des Unternehmens, wo er die üblichen Begrüßungs- und Eingliederungsprozeduren zu absolvieren hatte.

Bereits im Vorfeld war zu vernehmen gewesen, dass die ausgeschriebene Stelle ein Anforderungsprofil enthielt, das auf den geneigten Interessenten aufgrund der enormen Anzahl von geforderten Qualifikationen abschreckend wirkte und eher nicht zur Abgabe einer Bewerbung motivierte. Abgesehen davon, dass das Profil in der Tat weit an den tatsächlichen Erfordernissen für diese Stelle vorbeischoss, war das Bewerberaufkommen dann auch wirklich gering. Nur zwei Kandidaten gelang es, eine Einladung zum Bewerbungsgespräch zu erhalten, wobei das Gerücht die Runde machte, dass dies der Anzahl der eingegangenen Bewerbungen entsprach.

Als das Unternehmen den kargen Lohn erwähnte, der für diese Stelle – eine Sparmaßnahme – nach dem Ausscheiden des bisherigen Mitarbeiters drastisch gesenkt worden war und damit in diametralem Verhältnis zu dem weit überzogenen Anforderungsprofil stand, winkte einer der beiden Bewerber sogleich verärgert ab, während der andere mangels geeigneter Alternative und unter Zugzwang der Agentur für Arbeit den Zuschlag nicht mehr abwehren konnte.

Sein erster Arbeitstag in den heiligen Hallen nahte und wir waren alle freudig gespannt, wer denn der neue Kollege sein würde. Herr Vollmar betrat an einem verregneten Dienstagmorgen die Geschäftsräume und löste sogleich große Verwunderung aus. Er erschien in restlos verschmutzten Blue Jeans, Badeschlappen und zerrissenen Socken an den Füßen, aus denen Zehennägel mit enormen Schmutzrändern lugten, deren letzte Pflege bereits Jahre her zu sein schien. Ein erschreckend zahnloser Mund und ein ungepflegter Vollbart rundeten seine Gesamterscheinung ab. Das heißt, nicht ganz – denn nach einigen Minuten machte sich ein erdiger Geruch breit, der uns zunehmend den Atem nahm und diese bestimmte Übelkeit auslöste, die jeder Rettungssanitäter von der Betreuung einer bestimmten Klientel nur zu gut kennt.

Während die Kollegen im Großraumbüro begannen, den Standort zu wechseln, und sich irritiert und frierend um ein offenes Fenster scharten, wies ein Kollege – der buchstäblich die Arschkarte gezogen hatte – Herrn Vollmar unter langsamem Wechsel der Gesichtsfarbe in die Gleitzeitregelung ein. Erschwert wurde der Umstand dadurch, dass Herr Vollmar sich in einem niederbayerischen Akzent artikulierte, der aufgrund des Fehlens so vieler Zähne noch zusätzlich undeutlich klang und wahrscheinlich selbst für Eingeborene in seinem Heimatort kaum noch verständlich gewesen sein dürfte.

Kurz, unsere Vorgesetzten hatten uns aus Kostengründen und Sparsamkeitserwägungen ein unverkennbares Hygieneproblem beschert.

Als die organisatorischen Belange geklärt waren, verließ Herr Vollmar zur Erleichterung der Kolleginnen und Kollegen die Geschäftsstelle und machte sich auf den Weg zu seinem zukünftigen Arbeitsplatz in der Werkstatt. Der dortige Kollege war wirklich nicht zu beneiden. Um aber dem neuen Mitarbeiter den Einstieg nicht unnötig zu erschweren, sahen wir von einer Vorabinformation für den angestammten Kollegen ab; schließlich glaubten wir ja selbst unseren Augen und Nasen nicht trauen zu können und hofften darauf, dass die schräge Erscheinung an diesem Tag nur auf einen unglücklichen Zufall zurückzuführen war.

Aber bereits nach zwei Stunden ereilte uns ein verzweifelter Anruf des angestammten Kollegen aus der Werkstatt, der unsere ersten Eindrücke bestätigte. Erwartungsgemäß nahmen die Vorgesetzten seine Klagen über den neuen Kollegen zur Kenntnis, beschlossen aber, zuerst einmal abzuwarten. Im Laufe der nächsten Wochen kristallisierte sich weiter heraus, dass Herr Vollmar trotz mehrfacher Aufforderungen nicht nur Wasser, Seife und frische Kleidung nach Möglichkeit mied, sondern auch einen Arbeitsstil bevorzugte, der sich, vorsichtig ausgedrückt, als unkooperativ erwies.

Konstruktive Kritik nahm er nicht an und verbat sich hartnäckig jede Einmischung in Fragen seiner Körperhygiene, die er als ausschließliche Privatangelegenheit betrachtete, während er sich den bestehenden Arbeitsabläufen nicht beugte, die technisch hochwertige Ausstattung ständig kritisierte und deutliche Tendenzen zeigte, selbst das Zepter schwingen zu wollen. Die erwarteten fachlichen Kenntnisse ließ er dabei völlig vermissen und zeigte sich auch gegenüber Belehrungen zur Sicherheit am Arbeitsplatz gänzlich uneinsichtig. Er dachte nicht im Traum daran, die Badeschlappen gegen Sicherheitsschuhe einzutauschen und die schicke Werkstattkleidung zu nutzen, die ihm der Arbeitgeber inklusive regelmäßiger Wäsche kostenlos zur Verfügung stellte.

Der angestammte Kollege staunte nicht schlecht, als Herr Vollmar immer mehr Umzugsgut kommentarlos in der Werkstatt auftürmte. Als er ihn eines Morgens schlafend und umgeben von leeren Bierdosen und Flachmännern auf dem Sofa der Brotzeitecke antraf, wurde ihm klar, dass Kollege Vollmar keinen festen Wohnsitz zu haben schien und begann, sich häuslich einzurichten.

Mangels Weisungsbefugnis blieb dem angestammten Kollegen nichts anderes übrig, als seinen Vorgesetzten zu informieren, der jedoch erstaunlicherweise keine Notwendigkeit erkannte, hier unverzüglich einzuschreiten. Die Situation wurde immer vertrackter, aber die Arbeit ging ihren gewohnten Gang.

Zu dieser Zeit erfolgte der teilweise Ausbau von neuen Rettungswagen und Notarzteinsatzfahrzeugen bei den Münchner Niederlassungen zweier Premium-Fahrzeuganbieter. Sie stellten der Hilfsorganisation dafür Räumlichkeiten zur Verfügung und die Mitarbeiter der Werkstatt führten an Ort und Stelle abschließende Maßnahmen bei der Verbauung von Funkgeräten, eine Art technisches Finishing, durch. Ein Ganztagestermin bei der Automarke mit dem Stern brachte um die Mittagsstunde neue Bewegung in die Sache mit dem neuen Mitarbeiter, Herrn Vollmar.

Die beiden Werkstatt-Kollegen hatten nämlich trotz der gegenseitigen Abneigung eine alkoholische Gemeinsamkeit entdeckt und entschlossen sich in einem Fall von seltener Zweisamkeit zu einem spontanen Umtrunk. Nach mehreren Bierchen ging es frisch gestärkt und guter Dinge zurück ans Werk und Herr Vollmar machte sich daran, für eine Antennenmontage per Leiter das Dach eines Rettungsfahrzeugs zu erklimmen.

Traditionell mit den geliebten Pampuschen an den nackten Füßen, war er unter geradezu selbstzerstörerischer Nichtbeachtung der geltenden Vorschriften zur Sicherheit und Unfallverhütung auf eine der obersten Sprossen gestiegen, als er beschwingt von den Hopfenkaltschalen über sein Schuhwerk stolperte, abrutschte, keinen Halt fand und von der Leiter stürzte. Haarscharf segelte er an einem massiven Schraubstock vorbei und landete unsanft auf dem Boden der Werkstatthalle. Benommen blieb er zuerst liegen, versuchte sich aber alsbald aufzurappeln, was ihm zunächst nicht gelang. Herbeieilende Mitarbeiter der Niederlassung riefen umgehend den Rettungsdienst und die Polizei, da es sich um einen Arbeitsunfall von Fremdpersonal handelte.

Von diesen Maßnahmen zeigte sich Herr Vollmar wenig erfreut und verwahrte sich gegen jede Art von Hilfe, egal ob vom Rettungsdienst oder von der Polizei. Im Gegenteil, er wollte schleunigst weg, war aber nach seinem Sturz nicht in der Lage zu fliehen. Die Sanitäter trafen zuerst ein und nahmen den Verunfallten in Augenschein. Der hatte großes Glück gehabt, denn außer ein paar wenig spektakulären Prellungen und einer leichten Gehirnerschütterung schien er seine Flugstunde ohne weitere ernste Blessuren gut überstanden zu haben.

Sicherheitshalber wurde ihm nahegelegt, mit in eine Klinik zu kommen und sich dort eingehend untersuchen zu lassen, was Herr Vollmar jedoch entschieden ablehnte. Aufgrund seiner Ausdünstungen waren die Sanitäter ebenfalls froh, ihn nicht in ihrem Fahrzeug transportieren zu müssen, und verließen die Unfallstelle wieder.

In diesem Moment traf die Polizei ein und die Komödie nahm ihren Lauf. Während sich die Polizisten von den Anwesenden den ganzen Hergang schildern ließen und nebenbei die obligatorische Kontrolle der Personalien vornahmen, erwartete die Beteiligten die nächste Überraschung: Der neue Kollege war zur Fahndung ausgeschrieben.

Für die Polizei ein klarer Fall. Herr Vollmar wurde vorläufig festgenommen und musste mit auf die Wache. Einer der Polizisten stellte mittlerweile fest, dass in der allgemeinen Verwirrung und Hektik der zweite Kollege aus der Werkstatt abhandengekommen war. Um ihn noch eingehend zu dem Unfallhergang zu befragen, begann eine Suche durch die ganze Niederlassung, an der sich auch die Sternfahrzeug-Mitarbeiter beteiligten. Nach wenigen Minuten tönte die Erfolgsmeldung durch die Fahrzeughalle, ein Polizist war fündig geworden. Als er die Tür zum Transportraum des Rettungswagens geöffnet hatte, fand er dort den friedlich seinen Rausch ausschlafenden Kollegen auf der Krankentrage vor, was, wie man sich denken an, für allgemeines Gelächter sorgte.

Aufgrund seines angeschlagenen Zustands verzichteten die besonnenen Beamten auf eine weitere Befragung zu diesem Zeitpunkt, und die Polizei verließ mit dem Kollegen Vollmar die Niederlassung in Richtung Polizeiinspektion. Was dort im Einzelnen geschah, was ihm zur Last gelegt wurde – wir wissen es nicht.

Drei Tage später erschien er wieder zur Arbeit. Wieder zu einem externen Einbautermin, diesmal ging es zur Automarke mit dem Propellersymbol. Die Aufgabenstellung war ähnlich, hier galt es, Notarzteinsatzfahrzeuge nachzurüsten. Überall auf dem Werksgelände geschäftiges Treiben, Personal im feinen Zwirn mit geschmackvollen Krawatten, die Damen im Hosenanzug oder im schicken Kostüm und in hochhackigen Schuhen, Premiumfahrzeuge vom Feinsten allenthalben, Business as usual beim bayerischen Matchwinner.

Das Erste, was Kollege Vollmar entdeckte, war ein Zugang zur Montagehalle, an der er den Werkschutz umgehen konnte. Diesen sollte er in den nächsten Tagen ausgiebig nutzen und seinen Arbeitgeber so weiter in die Bredouille bringen, obwohl es dazu nicht den geringsten Grund gegeben hätte. Beim Werkschutz anmelden, Ausweis abgeben – fertig. Aber Herr Vollmar war nicht willens oder in der Lage, Vorgaben jedweder Art mit seinem Weltbild zu vereinbaren. In der Montagehalle – es war mittlerweile Sommer geworden – entledigte er den stark übergewichtigen Körper seiner Oberbekleidung und zog es vor, in einer kurzen Turnhose und mit den bekannten Pampuschen an den Füßen die Einbauten vorzunehmen und auf dem Gelände umherzulaufen, was schnell zu berechtigter Irritation beim Stammpersonal des Automobilherstellers führte.

Seine Auftritte kamen in diesem hochwertigen, Dresscode-bestimmten Umfeld einer Art Erregung öffentlichen Ärgernisses gleich und seine Duftmarke sorgte stets dafür, dass ihm niemand zu nahe auf den Pelz rückte. Und wieder gab es keine Konsequenzen für unseren Herrn Vollmar, der seine Arbeitsstelle wohl eher als persönlichen Spielplatz ansah, an dem es keine Regeln gab.

Um die Schilderung des unschönen Treibens an dieser Stelle abzukürzen – nach wenigen Wochen und mehrmaliger Ermahnung ist er seiner Tätigkeit vor Ort entbunden worden, nachdem der Automobilhersteller über ihn ein Hausverbot verhängt hatte. Ebenso reagierte zwischenzeitlich die Niederlassung mit dem Stern. Die Hilfsorganisation hatte sich mit ihrer Vogel-Strauß-Diplomatie sauber blamiert. Endlich hatte die Geschäftsleitung ein Einsehen und beendete das Arbeitsverhältnis mit dem Ablauf der Probezeit.

Der Versuch, Personalkosten einzusparen, war in diesem Fall gründlich schiefgegangen. Die Übernahme eines Teils der Lohnkosten für den Langzeitarbeitslosen durch die Agentur für Arbeit stand letztlich in keinem Verhältnis zu dem Schaden, den Kollege Vollmar anrichtete, denn der materielle und immaterielle Schaden war durchaus beachtlich.

Bleibt noch abschließend zu erwähnen, dass Vollmar bei Behörden und seinen Gläubigern die Adresse der Werkstatt als seinen neuen Wohnsitz angab. Eingeschriebene Briefe trafen jetzt mit schöner Regelmäßigkeit ein und der Gerichtsvollzieher hat auch schon an dieser Adresse sein Glück versucht.

Es mutet wie eine Fügung des Schicksals an, wenn eine Einzelperson in einem Unternehmen, das von Qualitätsmanagement regiert wird und den Mitarbeiterinnen und Mitarbeitern in der Regel keinen Fingerbreit Luft bei der Arbeit und dem sozialen Verhalten lässt, derart über die Stränge schlagen kann.

Warum die Führungskräfte nicht sofort reagierten, können wir nur vermuten, denn die Wahrheit werden wir leider nie erfahren.

Dass Herr Vollmar ehrenamtlich tätiges Mitglied der heimatlichen Außenstelle unseres Bereichsleiters war, ist sicher nur ein bedauerlicher Zufall – oder offenbart es vielleicht doch einen Klüngel unter Freunden zulasten der Hilfsorganisation?

Der Papierflieger – oder: Herr Meier mobbt zurück

Ein Papierflieger lässt sich doch zum Flug
aus dem Unternehmen einsetzen.

Dass die Freiheit über den Wolken wohl grenzenlos sein muss, hat ein beliebter deutscher Interpret und Songwriter in den 1970er-Jahren die ganze Republik mit einem schönen Song wissen lassen.

Der per Weisungsbefugnis zu täglich achtstündiger Untätigkeit am Arbeitsplatz verdammte Herr Meier träumte in seiner angeordneten Langeweile oft davon, mit einem Flugzeug geradewegs aus dem Fenster des Großraumbüros heraus in den wolkenbedeckten Himmel zu starten, die Nase des Flugzeugs sachte hochzuziehen und im steilen Winkel die triste Wolkendecke zu durchbrechen. Umgeben von nichts als dem sonnendurchfluteten blauen Himmel und von der Freiheit, die dort oben tatsächlich grenzenlos erscheint, könnte er weit unter sich die dichte Wolkendecke in all ihren hellen, grauen und dunkelblauen Farbnuancen erkennen, unter der sich irgendwo weit weg das triste Gebäude seines Arbeitgebers befand, den er mittlerweile so sehr hassen gelernt hatte.

Sein Freundeskreis nahm die Berichte von dem Arbeitsentzug an seinem Arbeitsplatz erstaunlicherweise nicht immer mit dem gebotenen Ernst wahr. Manchmal hörte Herr Meier Redensarten, die schon im Ansatz schmerzten, etwa wie schön das doch sein müsse, fürs Nichtstun ein volles Gehalt zu kassieren. Andere negierten die tatsächlichen Umstände und waren nicht in der Lage, die Kleingartenumzäunung in ihren Köpfen zu durchbrechen; für sie war Herr Meier der Alleinschuldige und erhielt die richtige Bestrafung für sein Was-auch-immer-er-angestellt hatte, und überhaupt war es ja schon immer klar, dass es eines Tages so mit ihm enden würde … »Noch etwas Fingerfood, bevor wir gehen? Ach, und dann kommt heute noch auf RTL ›Deutschland sucht den Superstar‹ … Da müssen wir dich jetzt leider ganz schnell verlassen … Tschüss, Meier … ruf doch mal wieder an!«

In der Tat spaltete das Problem am Arbeitsplatz auch den langjährigen Freundeskreis von Herrn Meier gemäß der jahrhundertealten Weisheit »Freunde in der Not gehen hundert auf ein Lot«. Einst als zuverlässig geltende Freunde zeigten ihre wahren Gesichter, aus denen jetzt jede Zuneigung gewichen war und die sich wie spießerhafte Moralapostel aufspielten. Neid und Missgunst kochten hoch, lange gehegte und doch nie ausgesprochene Vorurteile, verdeckte Konflikte, mit denen er konfrontiert wurde, wirkten auf Herrn Meier fast schon surreal. Er konstatierte, dass auf subtile Weise der Arm seines Arbeitgebers so weit reichte, dass Meier selbst im Privatleben nicht mehr zur Ruhe kam.

Unter der jahrelangen Benachteiligung im Büro und der alarmierenden Feststellung, dass sich sein Problem jetzt schon in seinen Familien- und Freundeskreis einnistete, schmiedete Herr Meier einen einsamen Plan. Wenn er schon aufgrund der Hierarchiestruktur gegen die Schikanen des Bereichsleiters nicht angehen konnte, so war es doch zumindest nicht verboten, dem Zausel ein hübsches Geschenk zu machen. Warum nicht einen ungewöhnlichen Check veranstalten, um des Schurken Nervenkostüm auf seine Stabilität zu testen?

Die Sache kam in Fahrt, als Herr Meier in Gedanken an seine »Flugreise in die Freiheit« begann, Papierflieger in Serienproduktion herzustellen, um den Tag schneller vergehen zu lassen. Mit großer Begeisterung stieg das halbe Großraumbüro mit ein und allenthalben entstanden Flugmodelle aus Papier, die anschließend sofort einen Testmodus durchlaufen mussten. Das führte zu einer beschwingten Stimmung im Büro, und der Flugverkehr nahm zeitweise bedrohliche Ausmaße an.

Mit einem besonders schönen Modell unter dem Arm klopfte Herr Meier an der Tür des Bereichsleiters Zausel, der etwas Unverständliches grunzte, das sich im weitesten Sinne als Aufforderung zum Eintreten interpretieren ließ. Herr Meier trat mit einem Lächeln ein und Zausel bekam große Augen, als er Meier mit dem Papierflieger sah: »Was gibt's ?«

»Herr Zausel, ich möchte Ihnen alles Gute zum Geburtstag wünschen und zum Dank für ihre Mühe ein kleines Präsent überreichen … Bitte sehr, hab ich selbst für Sie gebaut …«

Zausel erwiderte ungläubig dreinschauend: »… aber ich habe doch erst in drei Monaten Geburtstag … Und überhaupt, wofür danken Sie mir? Und was ist das?«

»Gar kein Problem, man kann nie früh genug gratulieren … Und ein Geschenk von einem Freund werden Sie doch nicht ablehnen, nach allem, was Sie für mich getan haben … Auf Wiedersehen, Herr Zausel.«

In der Zwischenzeit lief der Bereichszausel dunkelrot an, japste nach Luft und begann unkontrolliert zu brüllen. Herr Meier registrierte beim Verlassen des Büros Satzfetzen wie »So eine Frechheit«, »Lassen Sie sich nie wieder blicken« und »So ein Mistkerl.« Ups, was war denn das? Etwa eine unbedacht ausgesprochene Beleidigung? Nun ja … das Nervenkostüm des Bereichsleiters schien ja nicht sehr stabil zu sein, wenn ein kleines Geschenk ihn an den Rand eines Schlaganfalls bringen konnte … Schaltete hier an dieser zentralen Stelle etwa ein cholerisches Sensibelchen? Austeilen ja, einstecken nein? Nun, das wiederum fand Herr Meier jetzt allerliebst.

Er hatte mit dieser Aktion ein deutliches Zeichen gesetzt, den Bereichsleiter aus der Fassung gebracht, und dessen lautes Gebrüll sorgte im Kollegenkreis für allerlei Vermutungen. Zausel hatte sich selbst vorgeführt.

Inwiefern die Papierfliegerproduktion einen Anteil daran hatte, dass Herr Meier seinem Ziel ein Stück näher gekommen war, ließ sich zwar nie abschließend beurteilen, aber die klare Zeichensetzung dürfte auch beim Obermobber für ein Nachdenken gesorgt haben. Nämlich, dass ihn hier mehr Widerstand erwartete, als es seiner Gesundheit zuträglich war. Wenige Wochen später war für Herrn Meier der Spuk vorbei.

Die Lebkuchenhausbewertungsmatrix oder: Eine Weihnachtsfeier, die reflektiert

Lebkuchenhäuser lassen sich gut essen –
aber schlecht berechnen.

Leise tanzten die Schneeflocken und wiegten sich im eisigen Wind. Der prächtig geschmückte, beleuchtete Christbaum im Vorgarten neben dem zugefrorenen Zierteich zauberte mit den dominanten Alpenausläufern im Hintergrund im aufkommenden Dämmerlicht unter diesen Witterungsbedingungen mit all seinen Lichtreflexen ein Wintermärchen, wie man es sich schöner kaum vorstellen konnte.

Wieder einmal zog es uns auf Einladung der Direktion in dieses wunderschön gelegene Hotel am Fuße des Braunecks im bayerischen Alpenvorland. Und während ein antiker Kachelofen unter der Macht des Feuers prasselnde Buchenholzscheite in wohlige Wärme umwandelte, genossen wir das herrliche Naturschauspiel durch die großen Panoramascheiben des Tagungsraums.

Frau Lukas (siehe Kapitel »Die Unternehmensberaterin«), einmal mehr von unserem Arbeitgeber engagiert, um uns tiefenpsychologisch zu beeinflussen, palaverte vor sich hin und schien nicht recht bei der Sache. Kein Zweifel, auch sie selbst genoss das herrliche Ambiente und die Vorgabe der Firmenleitung, an diesen Tagen auf höfliche Unverbindlichkeit zu setzen. So blieb für sie als Tagungsleiterin nicht mehr zu tun, als allgemein gehaltene Floskeln an entspannte Zuhörer zu vermitteln. Das Ganze stellte ein Zwischending dar, eine Art Weihnachtsfeier mit Tagungscharakter. Es ließ sich aber auch als Tagungsfeier mit Weihnachtscharakter definieren, das war subjektive Ansichtssache und allerhöchstens von marginalem Unterschied. Lapidar stellte ein kritischer Teilnehmer an dieser Veranstaltung fest, dass sich die Direktion hier »für ein Wiener Schnitzel und ein Weißbier« die Loyalität der Belegschaft erkaufte, um sie einzulullen und von den eigentlichen Problemen abzulenken. Und damit der dienstliche Charakter trotzdem erhalten blieb, hielt Frau Lukas die übliche Märchenstunde ab. Natürlich nicht ohne reflektierenden Hintergedanken, der an diesem Tag den Schwerpunkt Teamarbeit in den Vordergrund rückte.

Anhand banaler Beispiele bekamen wir erklärt, dass Teamarbeit »wichtig« sei; eine Erkenntnis, die wir schon vor vielen Jahren gehört zu haben glaubten, jedenfalls schien uns dieser Gedankengang – auch in der täglichen Arbeit – nicht ganz fremd. Damit wir das auch wirklich kapierten, gab es eine Aufgabenstellung. Die Anwesenden wurden in drei »Teams« aufgeteilt und mit der Aufgabenstellung konfrontiert, je Team ein Lebkuchenhaus zu bauen. Für das Rohmaterial erhielt jede Gruppe einen Etat von acht Euro. Dieser Betrag durfte nicht überschritten werden, private Zuschüsse galten als unerwünschte Vorteilserhei-schung, die bitteschön im Sinne der Sportlichkeit und Gleichbehandlung zu unterlassen war. Die Planung und Beschaffung des »Baumaterials« blieb jeder Gruppe selbst überlassen. Zeitvorgabe: vier Stunden.

Unter fröhlichem Gejohle machten sich die drei Teams auf, jedes für sich das schönste Lebkuchenhaus aller Zeiten zu erschaffen mit dem klaren Ziel, die anderen Teams zu übertrumpfen. Die erste Hürde für die hoch motivierten Lebkuchenhäuslebauer erreichte sie bereits am Ausgang des Hotels, denn da war weit und breit nichts, kein Geschäft, kein Supermarkt, nur das Hotel und ein raues, bayerisches Wintermärchen. Also, auf zum Parkplatz und die Firmen-wagen geentert, um flott die umliegenden Dörfer anzusteu-ern, bevor möglicherweise ein anderes Team die Lebku-chenvorräte vorher plünderte und man selbst mit leeren Händen da stand. Diese Peinlichkeit zu vermeiden, genoss für jeden Beteiligten oberste Priorität.

Mangels Ortskenntnis und wegen mittlerweile einset-zenden Schneetreibens geriet das Unternehmen so langsam und im wahrsten Sinne des Wortes in Fahrt. Und während das Team A bereits im zweiten Kreisverkehr mangels aus-reichender Traktion und unangepasster Geschwindigkeit ihren Wagen vorübergehend in einer Schneewehe versenk-te, übernahm das Team B vorläufig die Führung, nicht ohne den Pechvögeln vorher noch viel Vergnügen beim Ausgraben ihres Fahrzeugs zu wünschen. Die geräumte Hauptstraße ermöglichte anschließend eine vernünftige Geschwindigkeit, die nur durch den kräftigen Schneefall und die immer schlechter werdenden Sichtverhältnisse eine natürliche Begrenzung fand. Im Windschatten knapp hinter ihnen das ebenso zu allem entschlossene Team C. Diese beiden Teams hatten sich den Weg nach Bad Tölz auserkoren; dort sollten die gewünschten Rohstoffe problemlos aufzutreiben sein.

Währenddessen verringerte sich die Durchschnittsgeschwindigkeit aufgrund der immer schlechter werdenden Straßenverhältnisse rasant und die Scheibenwischer beider Fahrzeuge leisteten bereits Schwerarbeit; das Schneetreiben wurde immer dichter. Inmitten dieses Szenarios ereilte das Team C ein konspirativer Anruf aus dem Hotel. Kollege Bernrieder teilte kurz mit, dass er in der Hotelküche die nötigen Materialien aufgetrieben habe und forderte seine Kollegen zur sofortigen Umkehr auf. Man könne nach deren Rückkehr direkt in die Planungs- und Bauphase eintreten. Eine erfreuliche Zeitersparnis, die die Zeichen auf Sieg stellte, denn kein anderer Teilnehmer war auf die simple – wenn auch nicht gerade faire – Idee gekommen, die Hotelküche anzuzapfen. Sofort verringerte das Fahrzeug die Geschwindigkeit, ließ Team B ziehen und wendete alsbald.

Das Team B hingegen plagte immer größere Mühe, noch den richtigen Straßenverlauf zu erkennen, und es bemerkte erst kurz vor dem Bad Tölzer Ortsschild, dass sich hinter ihm kein anderes Fahrzeug mehr befand. Team C schien vorläufig erledigt, von der Straße geflogen. Was auch immer der Grund dafür sein mochte, dieser Konkurrent befand sich nicht mehr in Sichtweite und eine ferne Neonreklame ließ erkennen, dass sich der Parkplatz eines Discounters in Bälde ansteuern ließ; gute Stimmung machte sich deshalb breit. Bald war ein freies Plätzchen auf dem weitläufigen Parkplatzgelände ausgemacht und alle Mann stürmten in den Laden. Schnell waren die Lebkuchen und ein leerer Karton aufgetrieben, der als Grundgerüst herhalten sollte. Der Rückweg schien nur noch Formsache und es verblieben noch drei Stunden Restzeit für die »Bauarbeiten«. Zuversicht machte sich deshalb breit. Man wähnte sich zweifellos auf der Erfolgsspur, nicht ahnend, dass das Team C zu diesem Zeitpunkt bereits im warmen Hotel an der Konstruktion des Lebkuchenhauses tüftelte.

Team A gab sich zwischenzeitlich die größte Mühe, nach einer hitzigen Diskussion um Kernkompetenzen, was das einwandfreie Führen von Kraftfahrzeugen betraf – und zur sofortigen Ablösung des Pechvogels führte, der unfreiwillig in der Schneewehe geparkt hatte –, die verlorene Zeit gutzumachen, und befreite den zum Glück unbeschädigten Wagen zügig aus dem Schneehaufen. Einem Eingeboren, der mit seinem Pferdeschlitten die Unfallstelle gemächlich passierte, wurde zugerufen: »Sie, Herr Nachbar, wir benötigen dringend Lebkuchen.«

»Kaff da welche … und i bin ned dei Nachbar«, entgegnete der brummige Schlittenchauffeur und setzte seine Fahrt fort. In der Tat keine Antwort, die das Team A dem Lebkuchenhaustraum näher bringen konnte. So beschlossen sie nun, in Ermangelung anderer Personen, die sie fragen konnten, ihr Glück in der Abzweigung zum Sylvensteinspeichersee zu versuchen, in der sicheren Annahme, auf dieser Straße bald einen Supermarkt zu finden. Und während sich die Teams B und C bereits um den Aufbau kümmerten, fuhr das Team A plan- und glücklos weiter in die Dunkelheit Richtung Österreich.

»Meine Damen und Herren, die Zeit ist um«, teilte die Tagungsleiterin gegen 19 Uhr mit.

»Bitte bringen Sie ihre Arbeiten zu mir.« Siegesgewiss überreichten die Teams B und C ihre Lebkuchenhäuser –

oder wofür der Betrachter die schrägen Gebilde sonst halten konnte – an Frau Lukas. Vom Team A jedoch keine Spur, was bei allen Teilnehmern langsam, aber sicher für aufkommende Nervosität sorgte. Hoffentlich war ihnen nichts zugestoßen.

Jetzt spielte sich »die Krawatte«, unser allseits unbeliebter Emporkömmling – Herr Osterheimer – in den Vordergrund und nahm den Gesprächsfaden auf. Mit der ihm eigenen Unbeholfenheit und kantiger Gestik, die stark an einen nervigen Showmaster der volkstümlichen Musik erinnerte, der in seiner Sonntagvormittagsshow das Programmniveau der deutschen Fernsehlandschaft regelmäßig auf neue Tiefpunkte hievte, versuchte er die aktuelle Situation auf den Punkt zu bringen. Er erklärte der versammelten Gemeinde, dass er den Nachmittag mitnichten auf der faulen Haut zugebracht, sondern eine »Lebkuchenhausbewertungsmatrix« erdacht habe, auf deren Grundlage mithilfe diverser Einzelparameter eine gerechte Urteilsfindung zur schnellen Ermittlung des wahren Siegers erfolgen könne. Die schräge Wortschöpfung alleine schon geriet zum Schenkelklatscher dieser Veranstaltung und das Gelächter sorgte für erhebliche Irritationen und schnelle Blickwechsel zwischen der Tagungsleiterin, dem Bereichsleiter und der Krawatte, die vor Peinlichkeit berührt mehrere unkontrollierte Klicklaute – ein latenter Tick pathologischer Prägung – in die versammelte Gesellschaft abschoss. Geistesgegenwärtig übernahm Frau Lukas die Gesprächsleitung und zog Herrn Osterheimer damit aus der akuten Fettnäpfchenzone.

Sie kürzte das Thema ab und teilte ferner mit, dass die liebevoll erstellten Lebkuchenhäuser abschließend neutral bewertet und prämiert würden. Ja, mit dieser Rhetorik konnten wir etwas anfangen. Kurz und prägnant, keine Pseudoparameter und Berechnungsmatrixen, wo sie kein Mensch brauchte.

Die Krawatte, ihres Zeichens Spezialist für sinnlose Wortschöpfungen, hatte sich mit seiner Lebkuchenhausberechnungsmatrix qualitätsmanagementkonform ins Abseits geschossen. Auch solche Ausrutscher des Führungspersonals können zu einer erfolgreichen und geselligen Tagung beitragen. Denn wenn der Chef sich ungewollt selbst durch den Kakao zieht, dann kommt schnell Schadenfreude auf.

In dieser entspannten Szenerie kündigte ein kalter Lufthauch an, dass mehrere Personen den Tagungsraum gleichzeitig betraten, und ließ uns den Blick zur Tür wenden; ein erleichtertes Raunen ging durch den Raum. Das Team A war endlich eingetroffen. Mit einer enormen Verspätung und ohne Lebkuchenhaus, aber dafür mit unsicherem Schritt und deutlichen Anzeichen übermäßigen Alkoholkonsums. Durch das aufbrandende Gelächter hindurch ließ sich nicht gleich erkennen, was dem A-Team[*] zugestoßen war, aber es schien eher ein angenehmer Umstand gewesen zu sein. Der Sachverhalt schälte sich nur langsam heraus:

Auf dem Weg Richtung Sylvensteinspeichersee fand sich kein Lebkuchengeschäft mehr, dafür aber ein sturzbayerisches Wirtshaus, das genau genommen ein österreichisches war. Der »Wilde Adler« befand sich nicht mehr auf deutschem Hoheitsgebiet, wie der Hotelportier als ausgesprochener Kenner der Verhältnisse vor Ort mit deutlichem Grinsen mitteilte. Dort kehrten unsere Kollegen ein

---

[*] A-Team: Eine beliebte Fernsehserie aus den 1980er-Jahren mit extrem coolen Typen, die in jeder Folge das Gute zum Sieg führten.

und wärmten die kalten Glieder mit einem kleinen Umtrunk, bestehend aus Jagertee, einer kleinen Schnapsprobe und nicht weiter erwähnenswerten Mengen von köstlichem dunklem Weißbier. Angesichts der niederschmetternden Erkenntnis, die Lebkuchenhausaufgabe nicht meistern zu können, wiederholten sie den Vorgang, um dann den Weg zurück mit leeren Händen, aber stolzgeschwellter Brust und angetrunkenem Mut anzutreten.

Und schließlich, was bedeutete schon die Herstellung eines teambildenden Lebkuchenhauses gegen die urige Erfahrung, einen erst recht teambildenden Fetzenrausch aus einer traditionellen Wirtschaft gezogen zu haben? Jedenfalls würde niemand von ihnen auf diesen Teil bayerischer (und österreichischer) Gastfreundschaft mehr verzichten wollen. *»Guad wars und schee wars und schad is, dass gar is ...«*[*].

Während sich die allgemeine Lage beruhigte und Frau Lukas begann, die fertig gestellten Lebkuchenhäuser näher zu betrachten, klopfte es an der Tür und zwei Polizisten betraten mit unserem sichtlich mitgenommenen Kollegen Härtel in den starken Armen der Obrigkeit den Raum und setzten ihn behutsam in einen bequemen Sessel. Wie sich herausstellte, hatten ihn seine Kollegen vom A-Team versehentlich im »Wilden Adler« zurückgelassen.

In tiefer Trauer darüber, von allen verlassen und vergessen zu sein, der übermächtigen Natur und Gewalt der Berge, der lebensfeindlichen Winterlandschaft und den seltsam parlierenden Eingeborenen hoffnungslos ausgeliefert, setzte er den spontanen Umtrunk noch bis zum annä-

---

[*] Übersetzung aus dem Bayerischen: Gut war es, schön war es, und es ist schade, dass es vorbei ist.

hernden Verlust der Muttersprache und deutlichen Anzeichen einer alkoholbedingten partiellen Gesichtslähmung alleine fort. Seines Zustands wegen und angesichts seiner mangelnden Ortskenntnis erbarmten sich zwei Polizisten seiner, die dort gerade ihren Arbeitstag bei einem wärmenden Enzian beschließen wollten, und schafften ihn die fünfundvierzig Kilometer ins Hotel zurück. Während die Polizisten das Hotel verließen, brachte der Vollrausch des Kollegen die Stimmung auf den Höhepunkt. Die Preisverleihung nahm er scheinbar nicht mehr wahr, sondern ratzte – sehr zur Irritation seiner Vorgesetzten – in seinem Sessel still vor sich hin.

Sieger der Teamaufgabe wurde übrigens Team C, das aufgrund der Kollaboration mit dem Küchenpersonal die fachliche Unterstützung und weißen Klebstoff auf Zuckerbasis als Quasi-Geheimwaffe einsetzte und so leichte Vorteile im kosmetischen Bereich für sich geltend machen konnte. Zwar war ihr Gebilde nicht weniger windschief als das von Team B. Dessen großzügige Verwendung einer Tube Pattex, um die Lebkuchen aneinander zu befestigen, schloss jedoch einen möglichen Verzehr wegen Ungenießbarkeit aus, und außerdem wirkte deren Bauwerk weit fragiler.

Das Team A lief mangels fertigem Produkt außer Konkurrenz und konnte durch eine Lokalrunde die Schande einer Disqualifikation geschickt abfedern … immerhin.

So gewann das Team, dass eine »Rechtslücke« bei den Vorgaben geschickt für sich auszunutzen wusste, nämlich das explizit nicht ausgesprochene Verbot, im Hotel selbst nach den benötigten Materialien zu suchen. Wochen später noch diskutierten wir sehr konträr, ob diese Aktion jetzt einfach sehr schlau war oder die anderen beiden Teams unter teilweiser Missachtung der Vorgaben schlichtweg und nicht ganz legal übervorteilte, denn die Vorgabe – der geneigte Leser erinnert sich – war mit einer Summe verbunden, die für die Anschaffung der Rohmaterialien gedacht war. Allein der Gedanke an einen Einkauf ließ die Schlussfolgerung zu, irgendein Geschäft im Umland aufsuchen zu müssen. Die Sache wurde noch vertrackter, als Kollege Bernrieder mit smartem Lächeln einräumte, die Lebkuchen aus der Hotelküche nicht mit den dafür vorgesehenen acht Euro bezahlt zu haben – er hatte sie auf die Rechnung des Arbeitgebers setzen lassen. Insgesamt machte dieser Umstand nachdenklich, denn wie so oft im Berufsleben wurde hier reflektiert, dass der Bessere nicht unbedingt durch genaue Arbeitsweise, persönlichen Mehreinsatz und Fleiß punkten konnte, sondern durch Verschlagenheit und die Bereitschaft, Wege am Rande der Legalität zu beschreiten. Genau diese Grauzone war es, in der sich unsere Führungskräfte so ausgesprochen gerne aufhielten. Zweifellos hatte sich der Bernrieder mit dieser Aktion den Respekt seiner Vorgesetzten gesichert – und acht Euro, die er nicht mehr retournierte.

Nach einem vergnüglichen Abend mit allerlei Weihnachtswünschen und der sicheren Aussicht auf noch engere Zielvorgaben im neuen Jahr sanken wir des Nachts in einen wohligen Schlummer. Am nächsten Morgen verließen wir nach und nach das schöne Hotel und beendeten die vorweihnachtliche Tagung beschwingt und guter Dinge. Manche allerdings mit einem erheblichen Kater und seinen klassischen, unangenehmen Begleiterscheinungen.

Die Lebkuchenhausbewertungsmatrix machte uns im Nachhinein noch viel Freude. Ganz in ihrem Sinne erfanden wir in den darauf folgenden Monaten alle möglichen und unmöglichen Bewertungsmatrixen, um uns den Arbeitsalltag zu verkürzen, und zogen uns damit gegenseitig auf. Erwachsene Männer sind hin und wieder albern.

Besonders im Gedächtnis haften blieben uns die Brotzeitholberechnungsmatrix, die Kolleginnenoberweiteberechnungsmatrix, die Gehaltserhöhungsbeschleunigungsmatrix, die Vorgesetztenablaufdatumsmatrix und die Osterheimerhaltdiefresseberechnungsmatrix. Ein an dieser Stelle nicht genannter Kollege wollte sogar sein zweites berufliches Standbein anhand einer Brennholzverleihmatrix berechnen, aber das ist eine andere Geschichte.

Die Krawatte oder: Arroganz ohne Glanz, aber mit Klick

Eine Krawatte macht noch keine Führungskraft.

Die Krawatte, so nannten wir den bereits erwähnten Abteilungsleiter Osterheimer, seines Zeichens ein Schoßkind des Glücks, dem es ein ganz heißer Draht zur Geschäftsleitung in wundersamer Weise ermöglichte, nach einer abgebrochenen Handwerkerlehre, die ihm wenig Freude bereitet hatte, schnurstracks in das höhere Management der Hilfsorganisation in der Position eines Abteilungsleiters einzusteigen.

Sie werden mir sicher beipflichten, dass ein kometenhafter Aufstieg in die Chefetage, wie er hier beschrieben wird, unter normalen Umständen ausgeschlossen ist. Ihm selbst muss es wie im Märchen erschienen sein, denn er übersprang auf dem Weg dahin gleich mehrere Führungsebenen. Von null auf hundert in drei Sekunden. Das war schlicht bewundernswert, aber entsprang keiner Energieleistung der Krawatte, sondern reiner Postenschacherei und Günstlingswirtschaft.

Wir erinnern uns noch gut an den Tag, als ein schüchterner Junge in zerbeulten Jeans und zerknittertem T-Shirt leise und um Sympathie ringend vorstellig wurde und froh war, in unserer Mitte aufgenommen zu werden. Und natürlich: »Menschen, die helfen« – gemäß diesem Wahlspruch empfingen wir ihn mit Höflichkeit und versprachen ihm jede Unterstützung, die er als damaliger Praktikant von uns erwarten durfte. Hätten wir seine Entwicklung vorausgeahnt, er wäre von uns unter Quarantäne gestellt worden wie ein Ebola-Patient.

So aber unterstützten wir ihn nach besten Kräften, bis er eines Tages mit blonden Strähnchen im schütteren Haupthaar und mit Anzug und Krawatte bewaffnet plötzlich und zur Überraschung aller als Abteilungsleiter inthronisiert wurde. Bis auf geringe Irritationen wäre das vielleicht gar nicht so schlimm gewesen – dem Nachwuchs eine Chance, heißt es schließlich –, aber der Bub hatte blitzschnell seine schüchterne Schale abgelegt und glänzte von jetzt auf gleich durch anmaßendes und arrogantes Verhalten, womit er sein fehlendes Fachwissen offensichtlich künftig zu kompensieren gedachte. Er begann uns, die wir ihn in die Arbeitsabläufe eingeführt hatten, wie eine Schulklasse aus Minderbemittelten zu behandeln. Von oben herab und fernab jeder Seriosität. Das Ganze gepaart mit der ihm eigenen Ahnungslosigkeit und der konstanten Fehleinschätzung von sachlichen Vorgängen, die sein »Fußvolk«, wie er uns nannte, jetzt oft genug für ihn mühsam gerade biegen durfte.

Eine explosive Mischung, die sich unter der schützenden Hand der Unternehmensführung weiter negativ entwickelte. Dazu hatte die Krawatte mit einem Tick zu kämpfen, der seiner Kehle vor-, während- oder nach Gesprächen je nach Tagesverfassung einen deutlich hörbaren Klicklaut entlockte. Das war zumindest jedes Mal ein irritierendes Ereignis und wir fragten uns, wie er diesen Tick bei wichtigen Verhandlungen etwa mit Krankenkassen oder in Ministerien unterdrückte. Oder klickte er dort auch? Das wäre nicht wirklich schlimm, aber die Gesprächspartner könnten die Seriosität dieser Person – und damit des Unternehmens, das er dort repräsentierte – vielleicht in Zweifel ziehen. Menschen sind grausam. Nun gut. Belassen wir es dabei. Wir erfuhren es nie.

Und wie konnte er die Position eines Abteilungsleiters einnehmen, wo doch schon der langjährige, erfahrene Kollege Holzmann exakt diese Planstelle seit vielen Jahren souverän und zuverlässig mit unerschöpflichem Elan und der ihm eigenen Fachkompetenz ausfüllte?

Rasch wurden wir in einem kurzen Meeting belehrt, wie der Hase künftig laufen würde: Dem Kollegen Holzmann wurde der Titel Abteilungsleiter aberkannt und Herr Osterheimer wurde dazu befördert. Kein weiterer Kommentar, Fragen zum Thema nicht erwünscht. Ende der Veranstaltung.

Um das Unbehagen für den jahrzehntelang für den Verband treu dienenden Herrn Holzmann noch zu verstärken, wurde die Bürosituation so gewählt, dass sich die beiden fürderhin an einer Doppelkombination von Schreibtischen Auge in Auge gegenüber saßen. Natürlich mit klaren taktischen Vorteilen für Herrn Osterheimer, der zwar relativ ahnungslos war, aber nun per Order von oben vom Kollegen Holzmann in dessen Aufgabengebiet eingelernt werden sollte. Hier wurde eine Situation geschaffen, die sich wohl am besten mit dem Wort »unerträglich« für den Kollegen Holzmann beschreiben ließ.

Der wiederum verzog keine Miene und machte seine Arbeit weiter wie bisher. Seine Betroffenheit stellte er nicht zur Schau. Wir waren davon tief beeindruckt, denn natürlich war allen klar, dass ein Angriff auf seine Persönlichkeit in diesem Ausmaß nicht ohne Auswirkungen auf ihn als Person bleiben konnte.

Unter der Hand erzählte unser Bereichszausel nebulös und ungeniert, dass Herr Holzmann einen Millionenschaden angerichtet hätte und er, Zausel, deshalb gar nicht anders konnte als sofort zu reagieren und die Hüte der Personen zu tauschen. Beim besten Willen, diese Info war so unglaubhaft wie ihr Verbreiter, der diese Mär mit auffälliger Unsicherheit und einer roten Birne vortrug. Niemand hätte sich gewundert, wenn dabei seine Nase immer länger und länger geworden wäre. Pinocchio in der Gewichtsklasse ab 130 Kilogramm stand live vor uns und log einmal mehr schamlos.

Der Sanierungsdruck machte also selbst vor Personen nicht halt, die keine fünfzehn Monate mehr bis zum Renteneintritt ausharren mussten. Das Ergebnis dieser Bemühungen war lediglich, dass die Arbeitsabläufe sich verlangsamten, weil der Bearbeiter das Tempo drosselte und zum ersten Mal in seinem Berufsleben den Dienst nach Vorschrift praktizierte, was unter den gegebenen Umständen leicht nachvollziehbar war. Zwar konnte Herrn Holzmann der Titel entzogen werden, jedoch nicht sein Gehalt. So gab es ab diesem Zeitpunkt zwei Personen, die das identische Gehalt für ein und dieselbe Planstelle bezogen. Wieder sind Kosten produziert worden, um unnötige Tatsachen frühzeitig zu schaffen. Irritation bei der Belegschaft und erhöhte Gehaltskosten für das Unternehmen ließen einmal mehr einen Schachzug auf Personalebene zweifelhaft erscheinen. Vielleicht war der Urheber dieser Aktion der Ansicht, dass die Erniedrigung und Degradierung für einen schnellen Abgang des Zielobjekts sorgen werde, aber dies war nicht der Fall.

Die Zeit verging, der Modus wechselte vom Angriffskrieg zu einem Grabenkrieg, in dem die Kontrahenten sich vergruben und aus sicherer Position hin und wieder eine Granate auf den gegenüberliegenden Schützengraben abfeuerten, deren Energie aber mit schöner Regelmäßigkeit an dem gegnerischen Abwehrbollwerk verpuffte.

Eines Tages war es dann so weit; mit dem Ausscheiden von Herrn Holzmann verließ eine wahre Quelle des Wissens nach über vierzig Jahren Zugehörigkeit das Unternehmen. Ein Wissen, das er seit dem Rollentausch weitgehend vornehm für sich behielt. Wer konnte ihm das verdenken? Es war bedauerlich, dass mit ihm der letzte Rest Menschlichkeit und Professionalität auf Führungsebene das Unternehmen verließ. Jetzt gab es nur noch Sanierer und Führungspersonal, das sich aufführte wie die Axt im Walde.

Herr Osterheimer tapste anschließend taumelnd durch ein Minenfeld von möglichen Fehlerquellen und es kam hin und wieder zu erheblichen »Explosionen« und artikulierten Klicklauten.

Diese Peinlichkeiten wurden regelmäßig von seinem Mentor in der Geschäftsleitung unter den Teppich gekehrt. Die, von denen wir hörten, hatten allerdings wirklich das Potenzial, eines Tages zu einem Millionenschaden anzuwachsen, und seien es nur seine permanenten Auffahrunfälle mit diversen Dienstfahrzeugen.

Auch sein randvolles Flensburger Punktekonto und sein Bitten an diverse Kollegen, für ihn aktuell anstehende Punkte zu übernehmen, zeichneten das deutliche Bild einer charakterschwachen Person, die noch nicht reif für Führungsaufgaben war und es möglicherweise nie sein wird. Es steht einer Hilfsorganisation nicht gut zu Gesicht, auf Führungsnachwuchs dieses Kalibers zu setzen. Ein echtes Armutszeugnis an Personalentwicklung in jeder Hinsicht.

Ausgerechnet die Krawatte setzte für Herrn Meier den Schlusspunkt, den letzten offiziellen Kontakt zu seinem Arbeitgeber.

Der Aufhebungsvertrag war bereits unterschrieben und Herr Meier endlich end(t)sorgt – genau genommen hatte er sich mit der Situation längst abgefunden und bereits nach wenigen Stunden seinen unfairen Arbeitgeber für immer ad acta gelegt –, da klingelte abends zu Hause sein Telefon.

Herr Osterheimer teilte ihm mit, dass er nun nicht mehr in das Unternehmen kommen müsse, denn da sei heute ein Aufhebungsvertrag unterschrieben worden. Herr Meier konnte sich das Lachen nicht verkneifen und erwiderte, dass er sich dunkel an ein Dokument dieser Art erinnere. Er wisse selbst, was eine Vertragsaufhebung bedeutete, und brauche diese dämliche Belehrung nicht.

Diese Ansprache verdiente einfach keine seriöse Antwort mehr. War es Dummheit oder Unbeholfenheit von der Krawatte, so einen Unsinn zu verzapfen? Herrn Meier war es egal, der war nur noch sauer über diesen Auftritt.

Die Krawatte legte eine Denkpause ein, gefolgt von einem Klicklaut, und begann dann eine ambulante Abschiedszeremonie, die in dem Ausspruch gipfelte, es sei bedauerlich, dass man auf Arbeitsebene nicht zueinander gefunden hätte.

Nun platzte Herrn Meier endgültig der Kragen, und er giftete die Krawatte mit einem kurzen und prägnanten Monolog an, der an dieser Stelle nicht weiter erwähnenswert ist. Ein kräftiges Zitat des Ritters Götz von Berlichingen beendete die aberwitzige Kommunikation. Das Letzte, was Herr Meier danach offiziell von seinem Arbeitgeber vernahm, bevor er das Gespräch beendete, war ein – Klicklaut.

Ausgefunkt oder: Ein gemütlicher Ausflug ins bayerische Oberland

*Wichtige Informationen sind beizeiten
leichter zu beschaffen … wenn man über
die nötige Intelligenz verfügt.*

Herr Meier war überzeugt, dass sein freundlicher Ex-Arbeitgeber ihn endlich in Ruhe lassen würde, befand sich aber mit dieser Überlegung gründlich auf dem Holzweg. War das Verlangen der Hilfsorganisation bisher groß gewesen, sich von ihm zu trennen, wurde die Sehnsucht nach seinem funktechnischen Fachwissen, das logischerweise durch seine Abwesenheit in der Firma jetzt fehlte, noch größer.

Besonders stark fiel hierbei ins Gewicht, dass Bereichsleiter Zausel in fatalem, vorauseilendem Gehorsam bereits vor Jahren den Analogfunk für tot erklärt und eine Datenbank, die nach fast dreißigjähriger Pflege durch die Hilfsorganisation als Grundlage für alle administrativen Tätig-

179

keiten im Bereich Funk diente, kurz, knapp und ersatzlos abgeschafft hatte. Die Idee dahinter, dem Meier wesentliche Teile seiner Tätigkeiten zu entziehen, erwies sich insofern als ein fürchterliches Eigentor, denn zum Zeitpunkt des Erscheinens dieses Buches funkt diese Hilfsorganisation immer noch zu 98 Prozent im analogen Funknetz und benötigt es bis auf Weiteres als Rückfallebene für den Fall, dass die komplizierte Digitaltechnik einmal schlapp macht.

Nicht zuletzt durch die sich selbst aufgelegten Sparmaßnahmen war dieser DOS-basierte Koloss nie in eine Windows-Umgebung überführt worden und fristete sein Dasein in der rechnergestützten Umgebung, zum Frust von so manchem Netzwerkadministrator, als letztes Relikt einer längst vergangenen Epoche des Computerzeitalters. Das bedeutete im Klartext, dass niemand mehr – außer Herrn Meier – in der Lage war, diese Datenbank zu bedienen. Und niemand außer ihm wusste, wo sich die darin befindlichen Festfunkstellen in der Realität befanden. Denn wie schon in einigen der vorangegangenen Kapitel erwähnt, war seine Abteilung aufgelöst und sämtliche Personen außer ihm längst in die Rente verabschiedet oder aus dem Unternehmen gemobbt worden. Das komplette Wissen war jedenfalls nicht mehr vorhanden.

Und wie das Leben so spielt, stand so mir nichts, dir nichts über Nacht die Entscheidung an, dass auf Schloss Elmau im Wettersteingebirge die Elite der Weltpolitik sich in Bälde ein Stelldichein geben sollte, um die verschiedenen Problemchen auf unserer schönen Erdscheibe sach- und fachgerecht zu zerreden. Unnötig zu erwähnen, dass es einer perfekten Funk-Infrastruktur bedurfte, um im Falle eines oder mehrerer Notfalleinsätze die nötigen Maßnahmen schnell ergreifen zu können, und das unter diesen Umständen dringender als je zuvor. Und genau hier hatte sich die Hilfsorganisation ein riesiges Problem an die Backe geklebt.

Herr Meier erhielt zu Hause plötzlich eine hohe Frequenz von Anrufen aus seiner früheren Wirkungsstätte. Verschiedene Kollegen aus unterschiedlichen Fachbereichen hatten plötzlich das Verlangen, sich nach seinem Wohlbefinden zu erkundigen und – ganz nebenbei – ein paar Fragen zum Thema Funk zu stellen. Da dieses Thema dem Geheimschutz unterliegt, konnte Herr Meier beim besten Willen dazu keine Auskünfte geben und verwies immer wieder auf den Bereichsleiter Zausel. Die Fragen zur Bedienung der Datenbank ließen ihn aber aufhorchen, denn das konnte nur bedeuten, dass die Datenbank wieder zum Einsatz kam, wenn auch offensichtlich niemand wusste, wie das Teil funktionierte.

Jetzt, wo Meier weg war, zog der Zausel die Datenbank, die er vorher für überflüssig erklärt hatte, aus seinem schmutzigen Zylinder. Aber anscheinend gab es massive Probleme; nur das konnte der Grund für die Anrufe sein. Herr Meier hielt sich allgemein bedeckt und stellte darüber hinaus klar, dass es keinen Grund für eine Kommunikation gab und er sich weitere Anrufe verbat.

Das Spielchen gipfelte darin, dass ein Vertreter der Hilfsorganisation ihn einlud, mit ihm bei Käfer zu essen, eine der vornehmsten Adressen Münchens.

Herr Meier kannte diese Person vom Hörensagen und wusste nur, dass besagter Herr Schmidinger sich beim Kreisverband um die Organisation der Lotteriestände kümmerte, die auf Jahrmärkten aufgebaut wurden und Lose mit kleinen Sofortgewinnen verkauften – der Ertrag floss der Hilfsorganisation zu. Mit Funktechnik hatte der nicht wirklich etwas zu tun. Während Herr Meier den Termin nicht wahrnehmen wollte, weil seine Zeit in der Hilfsorganisation durch den Aufhebungsvertrag beendet war, drängte der unbekannte Kollege auf das gemeinsame Abendessen, um sich »freundschaftlich auszutauschen«.

Nun, wenn die Hilfsorganisation bezahlte, dann konnte das vielleicht ein witziger Abend werden, denn die kulinarischen Aussichten waren nicht schlecht. Herr Meier war gespannt, was der Typ wirklich von ihm wollte. Es galt aber bereits jetzt als sicher, dass Bereichsleiter Zausel alle Hebel in Bewegung gesetzt hatte, um an wichtige Informationen zu kommen.

Eines Abends fuhr Meier also vor dem Restaurant Käfer in der Münchner Prinzregentenstraße vor und erlebte sogleich eine persönliche Premiere. Ein Weißbehandschuhter in Livree und ehrwürdiger Haltung nahm ihm die Parkplatzsuche ab und hatte die zweifelhafte Ehre, den klapperigen japanischen Kleinwagen auf dem hauseigenen Parkplatz zwischen den Nobelkarossen abzustellen. Bestimmt genoss das kleine Auto die enge Nachbarschaft zu den Mercedes', Porsches, Lexus' und Bentleys auf dem gut ausgeleuchteten, frisch geharkten, schneeweißen Kiesplatz.

Während er das Restaurant betrat, kam der Kollege Schmidinger auf ihn zu, stellte sich vor und zeigte sich beglückt über Herrn Meiers Anwesenheit. Auch Schmidinger war in erster Linie an den feinen Köstlichkeiten interessiert und so plätscherte der Small Talk zwischen Vor- und Hauptspeise harmlos dahin. Erst der Cognac im Bleikristallschwenker zum Abschluss des opulenten Mahls schien das Gespräch nun auf den wahren Grund zu leiten.

»Meier, waren Sie eigentlich schon einmal in Elmau? Mann, das müssen Sie gesehen haben. Eine Landschaft hat es da, die Berge, einfach unglaublich … Wissen Sie was? Da fahren wir zusammen hin, wir machen einen Ausflug; darf ich Sie morgen abholen?«

»Was soll ich denn in Elmau? Der Gipfel ist mir völlig wurscht.«

»Aber Meier, die Natur, ich sag es Ihnen … und alles umsonst … (und mit breitem Lächeln:) Die Hilfsorganisation bezaaahlt …«

»Tut mir leid, Herr Schmidinger, kein Interesse … keine Zeit … Sie wissen, ich gehöre dieser Hilfsorganisation seit zwei Wochen nicht mehr an.«

»Sie könnten mir dann die Standorte der Festfunkstellen zeigen, die haben mich schon immer interessiert … Kommen Sie, geben Sie sich einen Ruck …«

»Warum wollen Sie wissen, wo die sich befinden? Der Kreisverband hat damit rein gar nichts zu tun … Was soll das denn alles? … Ich denke, wir sollten den schönen Abend an dieser Stelle beenden. Sie hat wohl der Zausel geschickt, weil er nicht weiß, wo sich seine eigenen Relaisfunkstellen befinden?«

»Also, Herr Meier, gut, kürzen wir das Thema ab. Ich habe von der Bereichsleitung weitreichende Verhandlungsvollmachten für den heutigen Abend erhalten. Könnten Sie sich vorstellen, Ihre bisherige Tätigkeit für die Hilfsorganisation stundenweise gegen Rechnungsstellung weiter auszuführen? Natürlich war das mit Ihnen nicht okay, aber Sie wissen ja, die Sanierung, was soll man da denn machen? Darüber redet niemand offen, deshalb sage ich es hier nur so unter uns Klosterschwestern, sozusagen als kleine Dreingabe. Die brauchen Sie …«

» *Was?* Die mobben mich raus und jetzt soll ich gegen Rechnung arbeiten? Als Subunternehmer? Das habt ihr euch ja fein ausgedacht … Wenn mich die gnädigen Herren im Angestelltenverhältnis nicht brauchen können, dann brauchen sie mich gar nicht. Das ist ja irre, auf Rechnung, und ich trage das volle Lieferantenrisiko. Wenn die keinen Bock haben, bezahlen sie mich einfach nicht … nö nö … einmal Schwindler, immer Schwindler … Sagen Sie ihrem Auftraggeber, dass er mich am Allerwertesten kann, das habe ich der Krawatte, ich meine Herrn Osterheimer, auch schon gesagt. Einen schönen Abend noch …«

Herr Meier verabschiedete sich kurz von dem perplexen Schmidinger und verließ das Restaurant.

Während der livrierte Lakai sein Auto vom Parkplatz holte, sog Herr Meier die kühle Abendluft ein und versuchte, sich zu beruhigen. Insgeheim fragte er sich, wie unverschämt man eigentlich sein kann. In der Erkenntnis, dass Unverschämtheit wohl grenzenlos sei, zumindest bei diesem Arbeitgeber, stieg er in seinen Wagen und fuhr nach Hause.

Zumindest das kostenlose köstliche Abendessen hatte sich für ihn gelohnt. Und der Bereichszausel schaute mit dem Ofenrohr ins Gebirge. Alles in allem ein vergnüglicher Abend.

Vis compulsiva – die beugende Gewalt, oder: Die Beweislastumkehr als größter Feind des Bossings

Im ersten Kapitel haben wir die „Mechanik des Bossings" und die daraus resultierenden Folgen näher kennengelernt. Mit diesem abschließenden Kapitel soll die Aufmerksamkeit wieder zu diesem Themenkreis geführt werden, diesmal aber in einer genaueren Betrachtung der theoretischen Möglichkeit einer Verwertung belastbarer Beweise vor Gericht.

Denn davor fürchten sich die Widersacher am allermeisten. Mag hinter geschlossenen Türen geschehen, was will – nie, aber auch wirklich nie, darf davon auch nur ein Fitzelchen an die Öffentlichkeit gelangen. Zumindest nicht in beweisbarer Form. Denn das wäre das Ende aller Bemühungen um eine strategische Zermürbung, die sie in all ihrem garstigen Facettenreichtum der Zielperson haben angedeihen lassen. Den Urhebern des strategischen Bossings ist sehr wohl bewusst, dass sie eine Straftat im juristischen Sinne begehen. Sie sonnen sich aber in der Sicherheit, dass es einer Zielperson nie und nimmer gelingen kann, das gegen sie eingeleitete Trommelfeuer publik zu machen. Solange nichts in dieser Richtung geschieht, stehen alle Zeichen auf Grün. Gelangt das Thema wider Erwarten doch an die Öffentlichkeit, werden sämtliche Handlungen, die damit zusammenhängen, eingestellt; zu brenzlig fürs eigene Image und die Außenwirkung des Unternehmens. Darüber hinaus will sich niemand der spielführenden Protagonisten der Gefahr aussetzen, mit einer Vorstrafe am Holzbein durchs weitere Managerleben zu hinken. Denn das Ende der Karriereleiter wäre mit einer Vorstrafe so ziemlich erreicht.

Was liegt also dem Betroffenen näher, als genau diese Handlungen öffentlich zu machen und dadurch die Opferrolle aktiv zu verlassen?

Grundsätzlich gilt es an dieser Stelle, sich die Einschränkungen bewusst zu machen und die Fallstricke, die hier möglicherweise lauern.

Der erste Weg zum Betriebs- oder Personalrat verspricht nicht genug Öffentlichkeit, denn je mehr das Bossing/Mobbing im Unternehmen gedeiht, umso prekärer wird es für diese Einrichtungen, da die Ereignisse die Hilflosigkeit dieser Interessenvertretung – zum Beispiel im Kollegenkreis – widerspiegeln könnten. Insofern ist dort das Interesse an den ursächlichen Problemen nicht besonders groß und das Verlangen nach Vertuschung nicht unerheblich, um zum Beispiel eine Selbstgefährdung zu vermeiden. Also kann hier das Motto gelten: Immer schön den Kopf unten halten; nicht aus der Deckung kommen.

Eine andere Option: Versuchen die Betroffenen etwa, die Redaktion einer Tageszeitung an ihren Sorgen teilhaben zu lassen – was ein wunderbarer Weg sein könnte, um die Misere schnell zu beenden –, scheitern sie gewissermaßen daran, dass ihre Angaben nur subjektiver Natur sind – was sollte sie auch sonst sein? – und sie nicht zur Garde derjenigen Menschen gehören, die im Rampenlicht der Öffentlichkeit stehen.

Gerät nämlich eine bekannte Person aus Sport, Film oder Fernsehen in eine nur annähernd ähnliche Situation, lässt sich daraus ein schöner Artikel basteln, der die Auflage rasch erhöhen hilft. Ihre Erklärungen jedoch werden den Redakteuren nicht einmal ein Gähnen abgewinnen; und nicht zuletzt handelt es sich um eine Einzelmeinung.

Anders sieht die Sache aus, wenn über mehrere Wochen oder Monate immer das gleiche Thema durch unterschiedliche Personen in der immer gleichen Redaktion aufschlägt. Die daraus resultierende Tendenz könnte durchaus zu einer genaueren Recherche führen, die aber – Bingo! – in der Pressestelle des Arbeitgebers aufschlägt. Und bereits dort elegant abgeschmettert wird: „Bossing und strategische Benachteiligungen, um Personal zu vertreiben, gibt es in diesem Unternehmen nicht." Ab hier wird die Recherche investigativ und zeitraubend.

Selbst die übelsten Revolverblätter sind auf ein Quäntchen Wahrheit oder wenigstens eine gewichtige Vermutung angewiesen, um Auflage zu machen. Eine widerlegbare Einzelmeinung hält als Grundlage für eine Schlagzeile nicht her. Also wieder keine Öffentlichkeit für den Protagonisten. Und glauben Sie bloß nicht, dass Zeitungsredaktionen eine Mobbing- und Bossing-freie Zone wären. Möglicherweise wollen Sie als Sensation verkaufen, was dort tagtäglich geschieht. Und spätestens dann verpufft der ganze Sensationsgehalt. Es wird sich per se niemand mehr dafür interessieren; in der Redaktion wird keiner selbst die Lunte unter dem Pulverfass entzünden wollen, auf dem er sitzt.

Brechen wir das Thema noch weiter herunter: Sie erzählen im Bekanntenkreis von Ihrem Dilemma. Möglicherweise ernten Sie Verständnis und Zuspruch, manchmal auch Irritation und Unverständnis. Jetzt haben Sie zwar einen winzigen Teil der Öffentlichkeit über Ihr Schicksal informiert, zu mehr taugt diese Aktion aber auch nicht.

Eine Zeitungsannonce, vielleicht halb- oder ganzseitig, erreicht da schon einen größeren Leserkreis – wenn Sie die entsprechenden Kosten aufwenden (können), die je nach Zeitung leicht 40.000 Euro und mehr in der Wochenendausgabe erreichen können. Und ganz sicher handelt man sich damit ein juristisches Verfahren durch den Arbeitgeber ein. Denn, jetzt schon wieder, wird nur ein subjektives Meinungsgebilde kolportiert; und der Wahrheitsgehalt ist nicht so ohne weiteres überprüfbar. Selbst eine Flugblattaktion oder ein Informationsstand in der Fußgängerzone birgt die analog beschriebenen Risiken, auch wenn sie sich kostengünstiger realisieren lassen als die genannte Annonce in einer Tageszeitung.

Sie merken, es ist nicht leicht, die Öffentlichkeit auf ein Problem aufmerksam zu machen, geschweige denn, sie für sich einzunehmen um daraus in gewisser Weise Kapital zu schlagen.

Aus juristischer Sicht handelt es sich beim Bossing um eine *Vis compulsiva* (die lateinische Bezeichnung für „zwingende Gewalt"), einem Rechtsbegriff im Strafrecht, der im Allgemeinen mit dem Wort „Nötigung" nur spärlich die dahinter stehenden vorsätzlichen (und strafbaren) Vorgänge umschreibt.

Bei der Ausübung einer willensbeugenden Gewalt, die eine Täter-Opfer-Struktur voraussetzt, manipuliert der Täter das Opfer – in diesem speziellen Fall über das Direktions- und Weisungsrecht – ohne direkte (körperliche) Gewalteinwirkung zu bestimmten Handlungen oder Unterlassungen, die vom Täter gewünscht werden. Dazu bedient er sich bereits der „Gewalt von Handlungen" und fügt dem Opfer damit vorsätzlich „Übel" zu. Darin liegt der Unterschied zur bloßen Drohung.

Der Begriff der Drohung bedeutet die glaubhafte Ankündigung von Maßnahmen, die unangenehme Folgen für jemanden haben können. In der Quintessenz geht es also darum, dessen Verhaltensweise gegen seinen Willen und zu eigenen Zwecken zu beeinflussen, im Gegensatz zur zwingenden Gewalt aber noch ohne in Kraft tretende Maßnahmen wie strategisch geplante Arbeitsüberlastung oder sonstige Überforderungen. Eher selten kommt es zur Anwendung körperlicher Gewalt, denn die wäre unter Umständen schnell nachzuweisen und damit kontraproduktiv. Und selbst wollen die zarten Pflänzchen, die sich subtil-brutal gegen eine Person auslassen, keinesfalls verletzt werden. Denn das könnte ja wehtun.

Momentan bleibt die Forderung nach einer Beweislastumkehr in Fällen von Bossing oder Mobbing an die deutschen Richterinnen und Richter noch ungehört. Es wäre aber erfreulich und wünschenswert, wenn hier ein zumindest partielles Umdenken in naher Zukunft stattfindet. Denn so schwer die Beweisführung für das Opfer solcher Attacken auch ist, so schnell würde sich der Handlungsstrang selbst aufdecken, wenn die Verursacher den Beweis antreten müssten, was denn von deren Seite unternommen worden ist, um die entstandene Situation zu verhindern. Nicht zuletzt gibt es eine Fürsorgepflicht des Arbeitgebers, an der er sich in einem Beweisaufnahmeverfahren vom Gericht wird messen lassen müssen. Fruchtlose

Rhetorik wie zum Beispiel „der Arbeitnehmer wollte nicht/ war bockig" oder „es ging nicht anders" wird das Gericht schnell ins Reich der Träume verweisen.

Abschließend bleibt festzuhalten, dass die Beweislastumkehr ein scharfes Schwert gegen die subtilen Methoden sein könnte, die von so manchem Arbeitgeber angewandt werden. Eine juristische Form, die einen starken Effekt – und auch eine Signalwirkung zur Abschreckung – zeitigen und in der Folge die Gerichte dauerhaft von dieser Plage entlasten könnte, was diesen auch gewiss nicht ungelegen käme.

Beispiele aus der Praxis

Muss das Bossingopfer bisher eine kaum erbringbare Beweisführung antreten, gerät die Geschäftsleitung im umgekehrten Fall schnell in Erklärungsnöte, wenn die Frage zu beantworten ist, warum zum Beispiel der Schreibtisch und der PC von Frau Müller an einem Morgen plötzlich verschwunden waren und es bis auf Weiteres auch blieben. Zumal die entsprechende Nachfrage der schockierten Mitarbeiterin lediglich mit einem knappen „Reinigungsarbeiten" beantwortet wurde, während die Vorgesetzten sie ab diesem Zeitpunkt weitestgehend ignorierten.

Oder der Fall von Rainer T., dem von jetzt auf gleich sein komplettes Fachgebiet ersatzlos und einem neuen, jungen Kollegen zugeschanzt wurde, um den Kollegen T. zur Aufgabe zu bewegen. Zwar kann die Geschäftsleitung argumentieren, dass ein signifikanter Leistungsabfall zu der Demission von Herrn T. führen musste, um die Geschäftsabläufe reibungsfrei zu halten, bleibt aber den Beweis dafür im Endeffekt schuldig. Dem vorangehen müsste eine wasserdichte Historie von intensiven Mitarbeitergesprächen und firmeninternen konstruktiven Vorschlägen und Versuchen, den Umstand in Zukunft abzustellen, sollte der Arbeitnehmer plötzlich einen unerklärlichen Leistungsabfall erkennen lassen. Kurz, bei einer Beweislastumkehr würde das Lügengebilde schnell Risse kriegen und sich die Leitfiguren zwangsläufig in Widersprüche verwickeln. Selbst wenn die ganze Abteilung in den Zeugenstand gezwungen wird und aus Furcht vor einem Verlust des eigenen Arbeitsplatzes oder der Karrierechancen lügt, dass sich die Balken biegen, bleiben letztendlich erhebliche Zweifel an der konstruierten Version des Arbeitgebers, die ohne eine Beweislastumkehr gar nicht erst aufkommen.

Dazu gehört auch – und dieses Variante schließt sich gleich an das vorangegangene Thema an – die unsägliche Geschichte mit den Aufhebungsverträgen. Ich kenne nur wenige absolut plausible Gründe, warum ein jahrelanger Mitarbeiter eines Unternehmens mit Mitte fünfzig aus freien Stücken um einen Aufhebungsvertrag „bitten" könnte: ein Lottogewinn in Millionenhöhe vielleicht, der ihm ein sorgenfreies Leben ab sofort und für immer ermöglicht. Oder die Chance seines Lebens in einem anderen Unternehmen – diese Variante ist allerdings fast so selten wie ein Lottogewinn. Zumindest auf Sachbearbeiter-Ebene.

Denn krankheitsbedingt bedarf es keines Aufhebungsvertrags. Weder aus der Sicht des Arbeitgebers noch aus der des Arbeitnehmers. Dem vertraglichen Inhalt des Anstellungsvertrages gemäß sind klare Kündigungsfristen und Rechtsgrundlagen festgelegt. Wer von der Arbeitgeberseite hieran versucht zu rütteln, führt zweifelsohne Übles im

Schilde. Man lasse sich das auf der Zunge zergehen: Der Arbeitgeber versucht willentlich und ohne Skrupel, den von ihm selbst aufgesetzten Arbeitsvertrag durch einen Aufhebungsvertrag zu eliminieren, um sich vor den selbst gestellten Bedingungen zu drücken. Ganz nach dem Motto: „Was interessiert mich mein Geschwätz von gestern?" Dass er die aus dem gleichen Vertrag entstehenden Pflichten des Arbeitnehmers im selben Atemzug zu hundert Prozent einfordert, müsste im Prinzip schon zum Lachen reizen. Leider ist es eine Dreistigkeit ohnegleichen.

Ein Dilemma entsteht daraus, dass der Jurist die Dinge hoch professionell betrachtet auf der Grundlage von Gesetzestexten und Paragrafen, während der Durchschnittsbürger sich in Bossing-Situationen, denen er tagtäglich ausgesetzt sein kann, wenn das Mitarbeiter-Roulette sich zu drehen beginnt, im Grunde auf der emotionalen Schiene bewegt. Und dafür zeigen die Gerichte wenig Verständnis, denn ihre primäre Aufgabe ist es, zu richten, nach bestehendem Recht und Gesetz. Emotionen sind in den Gesetzestexten nicht zu finden und werden deshalb entsprechend behandelt – nämlich gar nicht.

Die Unterschrift unter einem Aufhebungsvertrag ist, sofern sie bei voller geistiger Gesundheit erfolgt, vor jedem Gericht im Nachhinein nahezu unanfechtbar. Möge der Kläger schwere Vorwürfe erheben, er sei gedrängt worden, oder er hielt den täglichen Gemeinheiten an seinem Arbeitsplatz nicht mehr stand, so ist der Fall für das Gericht klar. Die Unterschrift erfolgte aus freien Stücken. Das Warum und Wieso ist nicht die Sache der Gerichte. Der Vertrag ist demnach nicht anzuzweifeln. Der strategisch aufgebaute Leidensdruck findet keinen Eingang. Leidensdruck ist etwas für Ärzte und Psychologen – nicht für Anwälte und Richter. Dies scheint die Crux zu sein, die den Arbeitgebern und den sie unterstützenden Unternehmensberatern erst die Dynamik gibt, sich so zu verhalten, um einen maximalen Erfolg aus der Sache zu ziehen.

Willkommen in der Grauzone!

In der Tat könnte die Beweislastumkehr bei diesen Geschehnissen zum größten Feind der *vis compulsiva,* der beugenden Gewalt, geraten.

Hoffen wir auf die Zukunft – und darauf, dass eines Tages nicht nur Paragrafen verhandelt werden, sondern der Vorgang als solcher in seiner Gesamtheit vor dem Gericht die Anerkennung findet, die er verdient. Mit Straf- und Schadensersatzzahlungen, die den listigen Arbeitgeber erschauern lassen und ihm seine Skrupellosigkeit austreiben.

Für alle Arbeitnehmer wäre das ein großer Schritt in Richtung Planungssicherheit für die persönliche Zukunft. Und das (vorläufige) Ende für immer weiter ausufernde Bossing-Strukturen.

Am Rande sei noch erwähnt, dass es im Zuge der immer subtiler geführten Bewerbungsgespräche an der Zeit ist, dass auch der Bewerber mit einem Berater in den Ring steigt. Es kann nicht angehen, dass eine Einzelperson sich am Termin einer Riege von bis zu acht Personen gegenüber findet, die, bestens geschult, beginnen, ihn in alle Einzelteile zu zerlegen. Der Arbeitgeber verlässt sich darauf, dass der Bewerber alles klaglos mitmacht in der Hoffnung, am Ende die ausgeschriebene Stellung zu ergattern. Er schreckt dabei nicht mehr davor zurück, Rechtsanwälte und Psychologen auf ihn loszulassen, die seine wahren Absichten und

Qualitäten durch gezieltes, antrainiertes Fragenstellen im Gespräch aufdecken sollen. Ein abzuschließender Vertrag ist doch das Ziel beider Parteien im Bewerbungsverfahren. Warum also sollte nur eine Partei mit einem erheblichen Übergewicht auffahren? Ebenso ist anzuraten, in diesen Vertrag eine Klausel aufzunehmen, die besagt, dass bei allen Personalgesprächen der persönliche Berater hinzugezogen wird. So können sich Überzahlsituationen zum Nachteil des Arbeitnehmers nicht mehr ohne Weiteres konstruieren lassen. Und der Berater wird schnell zum neutralen, anerkannten Zeugen seines Klienten, was wiederum dem Arbeitgeber zum Nachteil gereichen wird, falls er beginnt, mit „unfairen Mitteln" zu hantieren.

Sie halten das für undurchführbar, weil sich kein Arbeitgeber darauf einlassen wird und lieber denjenigen einstellt, der klaglos alles unterschreibt, ohne eigene Forderungen zu stellen? Ihr Einwand ist durchaus berechtigt, weil diese Vorgehensweise auf einige Irritation stoßen kann. Aber in der Phase der Einstellung wird die Vertrags-*grundlage* ausgehandelt. Es liegt auch am Arbeitnehmer, was er daraus macht, und es ist eine Frage der Argumentation. Was soll den Arbeitnehmer davon abhalten, einen Berater zu beschäftigen? – Der Arbeitgeber hat ihn doch auch. Was in den vorangegangenen Zeilen noch nach Science Fiction klingt, kann schon sehr bald zur Realität werden, weil das Ungleichgewicht in den letzten Jahren leider noch größer geworden ist. Professionelles Auftreten ist heute ohne professionelle Hilfe kaum noch möglich. Fragen Sie dazu doch einfach den Unternehmensberater Ihres Vertrauens – er wird es Ihnen bestätigen.

Und genauso, wie Arbeitgeber externe Firmen beauftragen, um dem eigenen Personal unangenehme Nachrichten mitzuteilen (Outplacement), oder krude Assessment-Center bezahlen, um eine Auswahl potenzieller Kandidaten zu treffen, kann der Arbeitnehmer einen Berater haben. Nicht zum Einstellungstest natürlich – aber für alles, was danach erfolgt: Bewerbungsgespräche, Personalgespräche, Verhandlungen, Zielvereinbarungen, persönliche Beratung, Deeskalation usw. Auf diese Weise ist es nicht möglich, den Arbeitnehmer bei Gesprächen und Verhandlungen aller Art über das Direktions- und Weisungsrecht in einen Nachteil zu setzen. Denn dies ist auch nicht die Aufgabe des Direktions- und Weisungsrechts. Es wird nur allzu oft dazu missbraucht. Der persönliche Berater ist damit nicht zu treffen und kann insofern ein besseres Ergebnis herausholen. – Gut, selbst mir fehlt im Moment der unbedingte Glaube, dass sich dieses Modell durchsetzen wird, aber ich hoffe darauf.

Nehmen wir uns Spitzensportler und höhere Dienstränge zum Vorbild: Dort ist die beschriebene Variante längst zur Realität geworden. Warum nicht auch auf der Angestellten- und Arbeiter-Ebene die analoge Vorgehensweise? Es hängt viel davon ab – gerade in den mittleren und unteren Gehaltssegmenten.

Kleiner Entsorgungstest

Ich will nicht annehmen, dass in dem Unternehmen, für das
Sie tätig sind, bereits die Entsorgungsbombe eingeschlagen
hat. Im Gegenteil: Ich wünsche allen Leserinnen und Lesern, dass sie nie mit diesen Machenschaften in Kontakt
geraten. Sollten Ihnen aber Vorgänge an Ihrem Arbeitsplatz seltsam erscheinen, können Sie anhand dieses einfachen und kurzen Tests Tendenzen erkennen, die Sie aufhorchen lassen sollten. Denn je eher Ihnen klar wird, wo-
rum es eigentlich geht, umso besser können Sie sich darauf
einstellen.

Frage 1:
Ist erst vor kurzer Zeit die komplette Führungsriege
ausgetauscht worden?

Frage 2:
Ist in diesem Zusammenhang Führungspersonal aufge-
taucht, das einen autoritären Auftritt pflegt, aber fachlich
eklatante Schwächen aufweist?

Frage 3:

Sind Unternehmensberater in der Firma oder gar an Ihrem Arbeitsplatz in Erscheinung getreten?

Frage 4:

Kann der Betriebs- oder Personalrat seiner Arbeit noch problemlos nachgehen?

Frage 5:

Haben Sie das Gefühl, Ihrem Vorgesetzten nicht mehr zu genügen, obwohl Sie für den Arbeitgeber alles geben?

Frage 6:

Haben Sie das 50. Lebensjahr bereits überschritten?

Können Sie drei Fragen davon mit »Ja« beantworten, besteht absolut die Möglichkeit, dass Ihr Arbeitsplatz in Gefahr gerät.

Ziehen Sie daraus die richtigen Schlüsse! Die Inanspruchnahme professioneller Hilfe sollte in diesem Fall zeitnah in Betracht gezogen werden (Betriebs- oder Personalrat – sofern Sie diesen Leuten noch vertrauen können –, Rechtsbeistand Ihres Vertrauens, Mobbing-Beratungsstellen, Hausarzt), und es schadet ganz gewiss nicht, zu prüfen, ob Ihre Arbeitsrechtschutzversicherung noch gültig ist.